평생 살 거 아니어도
예쁜 집에 살래요

이 책은 2년 차 신혼부부의 아파트 인테리어 공사 일지입니다.

본인의 일을 너무 사랑하여 출근이 행복한 건축 디자이너 남편과

카카오에서 UI 디자인을 하는 아내가 자그마한 신혼집을 얻게

되었습니다. 오래되고 크지 않은 곳이었지만 두 사람은

많은 의견을 주고받으며 대대적으로 수리하여 지금의 아늑하고

예쁜 집을 만들었습니다.

그 집에서 아내는 설거지와 청소를, 남편은 주로 요리와 빨래를

담당하며 삽니다. 가끔 남편은 자신이 영화 〈해리 포터〉의

'도비'처럼 열심히 일하는 것 같다며 스스로를 '집요정'이라

칭합니다. 둘은 결혼 후 각자의 기억을 더듬으며 '카카오 브런치'에

신혼집 공사 일지를 기록했습니다.

이 책은 그 기록을 바탕으로 다시 쓰고 다듬었습니다.

일러두기

- 본 도서는 국립국어원 표기 규정 및 외래어 표기 규정을 사용하였습니다.
  다만 일부 입말로 굳어진 경우에는 저자의 표기를 따랐습니다.
- 본 도서는 부부인 두 지은이가 함께 쓴 에세이며,
  두 사람의 글은 각각 아내(안정호), 남편(김성진)으로 구분해두었습니다.
- 사진 ©hwstudio(허완 | architecture, interior photo studio), 안정호, 김성진

차근차근 알려주는 아파트 인테리어 공사 계획

평생 살 거 아니어도
예쁜 집에 살래요

김성진
안정호

지콜론북

목차

∧
아내

토요일에는 데이트할 수 없는 한 남자와 연애를 했다. 분명 남자친구
가 있는데 토요일은 내 의지와 상관없이 자유의 몸이 되었다. 건축
일을 하는 남자친구는 거의 매주 토요일마다 공사 현장이나 회사로
출근했기 때문에 '진짜 공사 감리를 보러 가는 게 맞는 걸까?' 하고 의
심했던 적도 있었다. 아마도 그 당시 남자친구였던, 지금 남편이 일
적인 부분에서는 그 정도로 열정적인 사람인지 몰랐던 것 같다. 나
는 결혼을 결심했고 우리가 함께할 공간을 직접 만드는 꿈을 꾸었다.
로망이었던 협소주택은 생각처럼 뚝딱 지을 수 있는 게 아니었고
싸울 일이 별로 없다고 생각했던 남편과도 집을 알아보는 기간
엔 여러 번 핏대를 올리며 언쟁의 시간을 보냈다. 좋은 모습만 보
이려 했던 연애 기간과는 달리 여지껏 했던 이야기 중 가장 현실
적인 이야기를 나누며 서로의 모든 면을 알게 된다는 걸 피하고 싶
기도 했다.

퇴근 후 화장이 다 지워진 얼굴로 시멘트 바닥에 쭈그리고 앉아
얼굴을 맞대고 치킨을 뜯어서였을까, 그간 남편과 만나온 이 년
의 시간보다 공사 기간 두 달이 우리를 더욱 가깝게 만들었다.

가끔 우리 집의 공사 스토리를 듣고 이렇게 묻는 지인들이 있다.
"공사는 직접 다 했어요?" "포트폴리오가 마음에 드는 인테리어
회사가 있긴 한데 전부 다 맡기기는 비싸더라고요. 그렇다고 그

냥 찍어낸 것 같은 흔한 느낌은 싫은데….""싱크대만, 화장실만 딱 내가 원하는 디자인으로 바꾸고 싶은데 업체 없이 개인적으로 알아보면 손해볼까요?""견적은 얼마나 나오나요?"

나 역시 지금의 남편과 결혼하지 않았다면 언젠가 누군가에게 한 번쯤 이런 질문을 물어봤을 것이다. 하지만 '우리 집'을 만들고 나서는 인테리어나 건축 설계에 관한 질문에 어느 정도 대처가 가능해졌다. 공사에 관해 아무것도 몰랐던 내가 이젠 공사에서 어떤 것이 우선순위고 어떤 비용이 가장 많이 드는지, 심지어 어떤 공사를 하는 작업자가 수입이 좋은지도 알게 됐다.

우리의 집은 100% DIY로 이루어진 집이 아니다. 포털사이트에 셀프인테리어를 검색하면 전국의 수많은 능력자가 쏟아지는 시대이지만 우리는 진짜 전문가가 필요한 부분에서는 공사 비용을 나름 과감히 투자했다. 고로 이 책은 셀프인테리어를 권장하는 책은 아니다. 하지만 나처럼 인테리어에 관련한 용어를 하나도 알아듣지 못한 사람이 이 책을 통해 적어도 인테리어 업체에서 하는 말이 무슨 말인지 어느 정도는 알게 되었으면 좋겠다. 아마도 "이만큼 알고 있으니까 덤터기 씌우지 마세요."라고 은근슬쩍 어필할 수 있게 되지 않을까.

안정호

⌃
남편

아내와 나는 닮은 구석이 없다. 내가 햄버거와 맥주를 먹는 동안 아내는 건강식과 과일을 먹는다. 나는 사람 만나기를 좋아하지만, 아내는 혼자만의 시간을 소중히 한다. 나는 책을 좋아하지만 아내는 텔레비전을 좋아한다. 그 차이를 존중하기에, 우리 둘이 모두 만족할 데이트를 위해서는 항상 계획과 준비가 철저해야 했다. 결혼 후에는 서로의 가사 분담과 식습관을 맞추어 나가는 데 더 많은 공을 들이고 있다. 그럼에도 우리가 서로 사랑할 수 있고 공감할 수 있던 이유는 서로 같은 분야에 관심을 갖고 있기 때문이다. 내가 아내에게 호감을 느꼈던 이유도 디자이너 하라 겐야의 책에 관해서 토론을 하면서였고, 그런 관심이 이어져서 결국 우리의 신혼집을 직접 시공해 보기까지 이르렀다.

이 책은 우리의 시공 일지이기도 하지만 전혀 닮은 구석이 없는 두 사람이 만나서 어떻게 가정을 만들어가는지에 대한 신혼 일기이기도 하다. 타협할 수 없는 부분에서는 단단해지고, 양보해야 하는 부분에서는 물러지기를 반복하며 우리는 점점 하나가 되어갔다.

혹시나 해서 하는 말이지만, 우리는 부부싸움을 안 하는 부부는 절대 아니다. 결혼을 준비하면서, 신혼집을 준비하면서, 서로의 삶의 박자를 맞추면서 싸우기도 많이 싸우고 울기도 많이 울고 서

로에게 상처도 많이 줬다. 이 책이 교과서나 자기계발 서적처럼
"모두가 이렇게 하세요~" 하는 책이 되기를 바라진 않는다. 이 책
을 읽는 모두에게 도전의 턱을 낮춰주는, 그런 책이 되기를 바라
는 마음이다. '저 친구도 결혼하고 집도 짓고 열심히 사는데, 나라
고 못 하겠어?' 이런 생각과 용기가 가슴속에 깃들었으면 좋겠다.
맞다, 우리 부부 같은 평범한 부부도 집을 직접 인테리어 할 수
있다. 이 책을 읽는 여러분도 할 수 있다. 먼 미래의 집을 구상하
는 이에게도, 지금 당장 침실을 꾸며보려는 이에게도 이 책이 도
움이 되길 바란다.

김성진

동네

·· 집
구
하
기

아내

나는 무서움을 많이 탄다. 멍하니 엘레베이터를 기다리다 문이 열렸을 때 누군가 서 있으면 가슴을 움켜쥐며 놀랄 때가 있고, 빼곡히 주차된 아파트 단지 안을 걸어갈 때면 괜히 인도가 아닌 넓은 찻길로 나와서 걷곤 한다.

생각해 보면 내가 커왔던 공간이 나를 '잘 놀라는 사람'으로 만드는 데 일조한 게 아닌가 싶다. 아파트 단지와 학교로 이루어져 있고 유흥가가 어디에 있는지 떠오르지 않을 정도인, 차분하고 조용한 동네가 내가 어릴 적부터 살아왔던 동네들의 특징이었다.

동네 이름답게 녹음이 우거진 아파트 산책길을 걷는 것 빼고는 즐길 거리도 딱히 없는 정직한 동네였지만, 그곳이 좋아 떠나기 싫었던 이유 중 하나는 종종 밤늦게 집에 들어갈 때도 별로 무섭지 않고 안전하다는 생각이 들었기 때문이다. 학원을 마치고 집으로 돌아가는 중고등 학생이든, 아파트 앞 공터에서 줄넘기하는 내 또래 동네 주민이든 항상 나를 안심하게 하는 요소들이 곳곳에 함께하고 있었다. 이런 곳에서 십 년을 넘게 살다보니 번화가에 던져지면 괜히 무섭고 안정적이지 못한 마음이 들기도 했다.

가장 꼭대기 층부터 1층까지 높이만 달리하며 아파트에만 줄곧 살아왔으니 아파트로만 이루어진 곳에서의 라이프 스타일이 자연스럽고 당연하기도 했다. 낯선 곳에 대한 두려움 탓에 아파트

가 아닌 다른 주거 형태에 살아본다는 것을 선뜻 상상해 보기도
어려웠다.

결혼 전 혼자 도쿄에 갔을 때다. 가보고 싶은 곳을 들러본 후 다시
지하철역까지 가기엔 너무 멀고 다음 목적지까지 나름 걸을 수 있
는 거리일 땐 주로 아무 생각 없이 다음 목적지를 향해 그냥 걷곤
했다. 찻길이 싫어서 항상 한 블록 뒤의 맨션과 주택이 모여 있는
조용한 길을 걸었는데 좁은 대지 위에 2~4층 높이로 올린 주택들
이 자연스레 카메라를 들게 만들었다. 건물 안쪽으로 깊게 들어
간 입구 옆에는 작은 차 한 대가 들어갈 수 있는 공간이 있고 외
관은 화려한 치장 없이 깔끔한 주택이 대부분이었다. 나중에서야
그런 형태의 주거 공간을 '협소주택'이라고 한다는 걸 알게 되었
고, 그 뒤에도 꾸준히 관심을 두게 되었다.

예전부터 주택에 대한 로망은 있었지만 넓은 정원이 딸린, 뻔하게
생긴 전원주택엔 그다지 매력을 느끼지 못했다. 정성스럽게 관리
할 자신도 없었다. 하지만 일본에서 봤던 그 협소주택은 결혼 후
당연하게 아파트에 살겠거니 생각했던 나에게 또 하나의 선택지
를 던져주었다.

현 남편, 그 시절 남자친구도 단독주택에 살고 싶어 했다. 보통은
나이가 들어 단독주택을 찾는다고 생각하지만 반대로 활동성이
좋은 젊을 때 살아야 주택을 잘 관리하며 살 수 있다고 한다. 나는
주택 살이에 대해 하나도 모르지만 나름 전문가인 남편이 있기에
여행지에서 봤던 협소주택과 같은 집을 직접 짓고 살 수도 있지

않을까 내심 기대가 되었다.

뜨거운 공기에 숨이 차던 늦여름 어느 주말, 집을 지을 수 있을 만한 공간을 찾아 나섰다. 첫 번째로 갔던 지역은 용산 해방촌이었다. 아무런 사전 정보 없이 문이 열린 부동산에 일단 들어갔다. 부동산이라고는 가끔 엄마를 따라갔던 기억밖에 없는데 곧 남편이 될 사람과 둘이서만 부동산이라니. 아는 척했다가 괜히 하수인 게 들통날까 싶어 입을 꾹 다물고 남편과 부동산 사장님이 나누는 이야기 내용에만 귀를 열고 있었다. 부동산 사장님과 함께 우리가 부동산 앱을 통해 확인하고 온 매물을 보러 나섰다. 가는 길에 듣자 하니 부동산 사장님은 그 매물을 추천하지 않는 눈치였다. 매물이 나오긴 했는데 … 무조건 새로 지어야 할 텐데 관련 업자냐, 현재 단층 건물이라 층수를 올리는 허가가 날 수 있을지 모르겠다, 등의 다양한 이유를 늘어놓으며 왜 군이 신혼부부가 여기서 살려고 하냐고 장난식으로 물어보기도 했다.

그 집을 찾아가는 길은 꽤 험난했다. 언덕과 좁은 길을 여러 번 오르락내리락했다. 그렇게 힘들게 찾은 매물은 내가 상상했던 꿈같은 집이 아니었다. 생각보다 집 상태가 깔끔하지 않아 올수리가 필요해 보였고 너무 구석진 곳에 위치하기도 했다. 남편도 어디서부터 공사허가를 받고 얼마큼 고쳐야 할지 감이 안 오는 눈치였다. 그와 비슷한 매물을 몇 개 더 봤지만, 상태와 조건은 비슷했다.

매물을 찾아 나서는 중간중간에 연예인이 대지를 매입해 건물을 올리고 있는 해방촌 곳곳의 공사 현장이 보였다. 비교하는 것 자체가 무의미했지만 괜한 허탈감이 들었다. 결론은 이 동네에서 원하는 집을 고르려면 돈이 조금 더 여유로워 싹 다 고치거나 새롭게 건물을 올려야 했다.

얼마 뒤 두 번째로 찾은 지역은 근처에 남산 둘레길이 있는 약수동이었다. 그곳도 해방촌 버금가는, 어쩌면 해방촌보다 더 가파른 언덕을 타고 올라가야 하는 곳이었다. 아슬아슬한 비탈길에 주차를 마치고 부동산 사장님을 따라간 곳에는 2층짜리 단독주택이 있었다. 한양도성 성곽길을 따라 위치한 집은 아니었고 언덕길 중턱 즈음 살짝 아래로 내려간 곳에 지어진 집이었다. 해방촌의 단층 주택보다는 상태가 좋아 보였지만 위치가 문제였다. 매일매일 걷다 보면 절로 핼쑥해질 것 같은 어마어마한 경사 길을 걸어 올라와야 하는 것도 문제였고, 집 자체가 약간 언덕 아래쪽으로 내려가 있어서 해가 잘 들어오지 않을 것 같았다. 게다가, 특이하게도 그 집엔 정말 작은 평수의 또 다른 집이 뒤쪽으로 붙어 있는데 원래는 없던 공간이었지만 세를 주기 위해 만든 집이었다. 문제는 우리가 공사하게 되면 뒤쪽 집의 현 거주자 및 소유주와도 의논이 필요한, 말 그대로 해결해야 하는 일이 한둘이 아닌 골치아픈 집이었다.

갑자기 어떤 결정을 내려야 할지 판단이 서지 않았다. 결혼할 사람을 만나게 되면 '띵-' 하는 종소리가 들린다고 하는 것처럼 계약할 집을 만나도 종소리가 들린다고 기대를 한 걸까. 한눈에 '이 집이다!' 싶진 않아도 생각했던 조건이 어느 정도 충족되면 선택해도 괜찮은 걸까. 너무 혼란스러웠다. 회사 때문에 일 년 정도 제주도에 살게 되어 오피스텔을 구할 때도 부모님이 며칠 간 제주도에 내려와 모든 일을 처리해 주었는데 이번 판단은 누가 대신 내려줄 수도 없는 일이었다. 남편은 나보단 긍정적 입장이었지만 보수공사와 추후 관리가 만만치 않기에 주택에 한 번도 살아보지 않은 나의 의견을 더 존중해 주었다.

결론적으로 둘 다 직장에 다니면서 주택을 짓는 일은 현실적으로 불가능했다. 집 공사를 하게 되면 인테리어 업체에 모든 걸 일임하지 않고 남편이 함께 일했던 공사 분야별 전문가에게 각각 맡기기로 했으니 직접 모든 것을 조율해야 했다. 무엇보다 나에게 있어 가장 큰 문제는 역시 치안과 위치였다. 야근이나 회식이라도 하고 늦게 들어오는 날엔 꼭 역까지 데리러 나와달라고 말은 했지만 매번 가능할 리 만무했다. 그리고 간혹 남편이 철야라도 하게 되면, 그런 날 혼자 늦게 귀가하게 된다면⋯. 홀로 집으로 향하는 가파르고 긴 여정을 감당할 수 있을까? 부모님 또한 내가 고민하는 부분을 가장 많이 우려하셨다.

더도 말고 덜도 말고 작은 주택을 수리해서 신혼집으로 만들고 싶었는데. 머릿속에 잔뜩 그려왔던 로망을 남편도 나도 쉽게 놓기가 어려웠다. 결혼은 현실이라더니, 집을 구하면서 로망은 마음 한 쪽에 잠시 옮겨두고 현실적인 방안을 생각해 봐야 했다.

위치 상으로 우리 둘의 일터에서 최적의 중간은 강남이었지만 부동산 문조차 열기 조심스러울 정도로 억 소리 나는 곳이 대부분이라 차선책이었던 경기도를 중심으로 알아보기 시작했다.

알아본 지역이 남편의 회사와 가까운 건 아니었지만, 본가에서 통근 시간이 두 시간이었던 걸 생각하면 한 시간 이상 절약할 수 있는 비교적 괜찮은 거리였다.

사실 경기도에 일하는 나는 직장과 같은 지역에서 살고 싶지 않은 것이 사실이었다. 퇴근 후 셔틀버스가 직장을 빠져나와 서울로 향하는 고속도로를 탈 때마다 제대로 일터에서 퇴근하고 있음을 느껴왔다. 하지만 직장 가까이에 산다면 퇴근을 해도 여전히 일터의 범위 안에 있는 느낌일 것 같아 역시 신혼집은 서울이었으면 하고 바랐던 것이다. 그리고 개인적으로 좋아하는 서울의 몇몇 지역들을 자주 방문하기 어려워질 것 같다는 아쉬움도 있었다. 이런 아쉬움을 달래기 위해 서울로 접근성이 좋은 동네 위주로 집을 알아보게 되었다.

집의 위치가 구체화되고 나니 예산과 집의 크기를 고민했다. 다행히 우리는 집의 크기에 대한 생각이 같았다. 당분간 둘이 살 공간이니 10평대의 아담한 평수라면 되려 청소하기 편하고 좋다고 생각했다.

남편이 평일에 잠깐 부동산에 들러 매물을 파악하고, 주말에 함께 동네를 방문했다. 약속을 잡은 몇 개의 집을 방문하고 나서 마지막으로 부동산 사장님이 우리에게 보여준 매물이 바로 우리가 선택한 지금의 집이다.

이 집은 회사에서 매매해 기숙사로 활용했던 매물인데 지금은 아예 매매로 내놓은 상태라 빈집이었다. 서향이긴 하지만 층이 높아 괜찮을 거라는 부동산 사장님의 말에 남편은 요즘 아파트에 향이 무슨 의미가 있냐며 딱히 이유 없이 남향을 선호했던 내 눈치를 살피며 말했다.

복도식 아파트의 끝 집이라 복도 중간에 있는 집보다 조금 더 넓게 사용할 수 있다는 장점도 있었고 무엇보다 큰 거실 창문으로 막힘 없이 보이는 풍광이 마음에 들었다. 그 풍경 제일 끝에는 산도 보였는데 금방이라도 시력을 좋게 만들어줄 것 같은 느낌이었다. 아무래도 연식이 있는 아파트라 많은 부분은 공사가 필요했지만 남편도 이곳저곳을 만져보고 두드려보며 신혼집 투어를 했던 기간 통틀어 가장 활동적인 리액션을 보였다.

집의 이곳저곳을 둘러보고 현관문을 나서는데 순간 우리의 결정을 도와주기 위해 아무런 물건 없이 비어 있던 건 아닐까 하는 나름의 운명적인 느낌을 받았다. 옷가게에서 예쁜 옷을 입어보고 고민이 되어 사지 않고 가게를 나섰는데 왠지 내일이면 내 사이즈가 없어질 것 같은 그런 느낌이었다.

아담한 주택을 꿈꿔도 봤지만, 일단은 욕심부리지 않기로 했으니 적정한 위치와 금액, 리모델링 공사 일정 등 우리가 해낼 수 있는 범위 내의 조건을 가진 이 아담한 아파트에서 앞으로의 목표를 그려봐도 좋을 것 같았다. 나름 오래 돌아온 것치곤 생각보다 빠르게 이 집을 선택했고 드디어 우리의 삶을 차곡차곡 쌓아나갈 첫 공간이 생겼다.

남편

어렸을 때 살던 집 앞에는 개천이 흘렀고, 그 너머 산이 있었다. 봄에는 산에서 불어오는 꽃내음에 기분이 좋아졌고, 여름에는 강물이 범람해 길이 잠겼다. 할아버지가 손자는 살려야 한다며 나를 옆구리에 끼고 무릎까지 차오른 강물을 헤쳐나간 적도 있었다. 집을 나서서 오른쪽 모퉁이를 돌면 나오는 그 끝에는 구멍가게와 평상이 있었다. 골목길을 지나 금은방 앞의 횡단보도를 건너 시장 앞의 큰길을 한참 따라 걸어야 학교가 나왔다. 그리고 학교를 지나 한참을 걷다보면 나타나는 아주 오래된 음악사까지, 내가 태어나고 어린 시절을 보낸 동네의 가장 오래된 기억들이다. 그 기억 속에서 나는 먹고 뒹굴고 자랐다. 아파트 개발로 꽃내음이 사라지고 강의 정비 사업으로 여름 홍수가 사라질 즈음, 우리 가족은 더 큰 도시로 이사를 했다.

그리고 얼마 지나지 않아, 아버지의 출장을 따라 인도의 한 마을에서 석 달 정도 머무른 적이 있었다. 이름도 기억나지 않는 작은 마을에는 단층으로 지어진 흙집들이 나란히 서 있었고 그 가운데에 4층짜리 회사 숙소만이 홀로 우뚝 솟아 있었다. 밤에는 도마뱀이, 낮에는 개미들이 바글거렸다. 개미나 모기와 같은 벌레에 물리기라도 하면 며칠을 끙끙 앓았다. 병원도 제대로 갖춰지지 않은 그곳에서 병을 앓을 때면 온 가족이 공포에 휩싸였다. 하지만 말을 나눌 친구도, 시간을 때울 오락실도 없는 동네임에도, 나는 그 동네와 어느새 사랑에 빠졌다. 매일 아침, 동이 틀 때면 흙으로 쌓아 올린 건물들 사이로 붉은 아침 햇살이 스며들었다. 산란하는 황톳빛과 동네 구석에 설치된 스피커에서 흘러나오는 인도의 종교음악이 방을 한가득 채웠다. 동네 곳곳에서는 소들이 한가로이 길을 거닐고 그 뒤로는 내가 아는 그 어떤 역사보다 오래되었을 유적들이 당연하다는 듯 현대의 풍경과 섞였다. 가로등이 없는 동네에 밤이 짙게 내려올 때면 무서움보다는 아쉬움이 가득했다. 인도와 어린 시절의 기억 때문인지 언젠가 흙내음 나는 곳에서 여유로운 생활을 꿈꿨는지 모른다.

신혼집은 주변에 높은 건물 없이 조용한 동네 가운데 작은 마당을 가진 주택을 꿈꿨다. 서울에서는 힘든 꿈이겠지만, 서울에서 약간만 벗어나면 불가능한 꿈같아 보이진 않았다. 넓은 마당은 바라지도 않고 필요도 없었다. 그저 잠시 쉼이 있는 집을 바라며 형편에 맞게 단독주택을 구하여 고쳐 쓰리라 생각했는데 아내가 물었다.

"안 돼, 치안이 안 좋잖아. 그리고 출퇴근은 어떻게 할 건데?"라고. 혼자 살 집이 아니기에 곰곰이 생각한 끝에 그 꿈은 접어야 하나 고민했다. 내 시무룩한 표정을 읽었는지, 아내는 정 단독주택을 원한다면 서울 안에 있는 집으로 알아보자고 하였다. 하지만 당시의 예산으로 가능한 서울 안의 단독주택은 극히 드물었고 그마저도 내 능력으로 해결할 수 없는 문제가 있는 것들이 대부분이었다.

해방촌에서 찾은 집은 풍경과 위치 모든 것이 마음에 들었지만, 허물고 다시 지어야 할 정도로 집이 낡아 있었고, 고쳐서 쓴다 하더라도 시공을 위한 자재들이나 장비의 반입이 힘들 정도로 도로 상황은 상당히 열악했다. 약수역 근처 2층짜리 단독주택은 규모와 건물의 상태 모두 만족스러웠지만, 불법 확장을 해서 세를 주던 공간의 처리가 곤란했고 자동차도 다닐 수 없는 언덕에 위치한 동네라 출퇴근이 너무 불편해 보였다.

아마 혼자서 살 집이었다면 끝까지 고집을 부리며 조건에 맞는 단독주택을 찾아 이곳저곳을 헤맸을지도 모른다. 하지만 신혼집은 나 혼자만의 집이 아니었다.

여러 동네를 넘어 다니며 아내와 '집을 구할 때 중요하게 봐야 할 가치들은 무엇이 있을까?'에 대해 서로 많은 이야기를 나누었다. 어떤 집에 살더라도 우리가 일 년 365일 행복할 수는 없겠지만, 집 자체는 항상 행복한 가치를 담았으면 했다.

수많은 이야기를 나누며 각자의 생각과 가치관을 집의 기초에 쌓았다. 아내는 교통과 치안이 안정적인, 내가 집에 없더라도 마음 편히 쉴 공간을 원했고 여자로서 그것이 왜 필요한지 나를 설득했다. 그리고 나는 건축가로서 포기할 수 없는 집의 가치들을 하나하나 아내에게 설명해 나갔다. 그렇게 많은 말과 생각을 나누고 나서야 나의 욕심이었던 단독주택의 꿈을 놔주었고, 치안과 출퇴근이 쉬우면서도 풍광이 좋은 아파트를 구하는 데 집중하였다. 서로의 의견을 맞춰가는 과정에서 앞으로 함께 살아갈 신혼집의 가장 중요한 가치는 '우리'였기 때문이다.

그러다 어느 날 지금 앉아서 글을 쓰고 있는 이 집을 보게 되었다. 집의 첫 느낌은 딱 손에 안정감 있게 착 쥐어지는 사과 같기도 했고, 정말 평범한 티셔츠인데 맞춤옷처럼 몸에 착 감기는 느낌이기도 했다. 금액도 우리가 가능한 수준에, 출퇴근도 적당하고, 집 크기는 둘이 살기엔 모자라지도 않고, 그렇다고 너무 넓어서 인테리어 비용이 많이 나올 거 같지도 않았다.

"와 이 집이야!"라는 느낌보다는 "어라? 이 집 괜찮은데?" 하는 느낌이 들었다. 이튿날 아내와 같이 다시 집을 방문하였고, 좀 더 구체적인 이야기를 나누었다.

일단 다행히도 이전에 이 집은 회사 기숙사로 사용되었고, 그 덕에 사용자들이 집을 꾸미며 살진 않았기에 인테리어 공사를 하기 전에 철거할 양이 그리 많아 보이진 않았다. 다만, 화장실은 기숙사로 활용되었기 때문인지 품질보다는 시공의 편의성과 가성비를 위해 플라스틱 자재로 마감되어 있었다. 문제는 벽과 바닥, 세면대와 변기까지 전부 플라스틱 일체형으로 조립된 화장실이라는 점이었다. 기존에 회사 기숙사에 잠시 머물렀던 사람의 처지야 문제는 안 되겠지만, 새로 입주해야 할 사람으로서는 골칫거리가 아닐 수 없다. 그냥 두고 쓰자니 오래된 플라스틱의 느낌이 너무 싫고, 그렇다고 다 뜯고 화장실만 전부 수리를 하자니 배관

공사부터 다시 해야 하는 게 큰 부담이 아닐 수 없다.

어쨌든 방법은 두 가지뿐이다. 완전히 철거하고 새로 공사하거나, 그대로 사용하는 것이다. 가끔 나름 해법이라며 플라스틱 위에 타일을 덧방 하기도 하는데, 플라스틱 자재는 벽 골조에서 필요 간격만큼 공간을 띄우고 설치가 되어 충격을 주면 퉁퉁거리며 울리게 된다. 그리고 타일은 바탕면에 습식 접착을 통하여 설치되는데 바탕면에 움직임이 있으면 그에 따라 이격과 탈락, 심하게는 파열이 생기게 되므로 좋은 선택은 아니다.

그대로 쓴다면 열심히 기존의 물때를 벗겨내고 액세서리들 정도만 교체하여 사용하는 정도로 충분할 테지만, 만약 모든 자재의 철거를 생각한다면 한 번 더 고민해 봐야 한다. 전체 철거를 하고 나면 일반적인 화장실 인테리어처럼 타일을 붙이고 도기와 수전만 교체하는 정도로 끝나지 않기 때문이다. 배관공사부터 방수공사와 천장공사 등 서너 가지의 공정이 추가로 들어가는 만큼 비용과 시간의 소모가 작지 않다.

인테리어는 철거 후에나 확인할 수 있는 부분이 많으므로 처음 집을 구하러 갈 때 확인해야 할 것은 기본적인 것만 확인하면 충분하다. 햇빛은 잘 들어오는지, 물의 수압은 적당한지, 관리비가 많이 나오는지, 불은 잘 켜지는지 정도를 확인한다. 수도꼭지 위치를 옮긴다거나, 전등과 스위치의 위치를 옮기는 등의 일은 철거작업을 통해 그 집의 민낯을 본 후에야 가능한지 알 수 있기 때문이다.

그래서 집을 보러갈 때 건축 혹은 인테리어 관계자와 같이 집을 보는 것이 좋겠지만, 그것이 힘들다면 너무 디테일한 이상향보다는 풍경이나 주차, 교통, 치안 그리고 집의 구성과 면적 등 확실하게 알 수 있는 정보 위주로 집을 보고, 그 뒤의 인테리어 및 보수는 전문가와 상의하여 진행하는 것을 추천한다.

아내가 가장 걱정했던 부분은 우리 집이 서향이라는 부분이었다. 보통 남향에 대한 선호가 강해 심지어 상가도 남향으로 구하기도 한다. 하지만 상가의 남향은 항상 눈부시고 서향은 음식이 쉽게 상하며 동향은 오전과 오후의 광량 차이가 심하다. 그나마 북향이 항상 일정한 광량과 서늘함으로 쾌적함을 제공한다.

물론 가정주부 중심의 주거 공간에서는 다른 향에 비해 오랜 시간 빛이 들어오는 남향이 심리적 안정감과 쾌적함을 제공하지만, 맞벌이 부부의 경우 그리고 직사각형 구조에서 거실과 베란다가 좁다면 서향도 나쁜 선택은 아니다. 부부 모두 저녁에만 집에 있는 경우엔 오후 늦게까지 빛이 들어오고, 넓지 않은 창에서 깊이 들어오는 빛이 집 온도를 조절해 주기 때문이다. 가끔 서향은 여름에 덥다고 하지만 블라인드 하나면 간단하게 해결될 일이다.

집 계약을 마치고 철거 사장님과 현장 미팅 날짜를 잡으면서 세상 모든 건축가가 꼭 해보고 싶은 그 말을 외쳐보았다.

"제가 건축주예요! 잘 부탁드려요! 하하하학학!"

집요정이 알려주는

집 볼 때 꼼꼼 체크 리스트

단순히 도배·장판이 아닌 대대적인 인테리어 공사를 각오하고 집을 알아본다면, '콘센트나 수전의 위치 정도야 간단히 옮길 수 있으니 집의 위치와 공간의 넓이 정도만 보면 되지 않을까?' 하고 쉽게 생각해서는 안 된다. 전체 철거가 아니라 집의 기본적인 뼈대를 남기고 하는 공사도 한계는 있기 때문에 아래 사항을 꼭 확인한다.

• 화장실 변기와 쓰레기통 •

아파트나 빌라 같은 공동 주거에서 사용한 휴지를 변기에 버릴 때, 변기만 통과할 수 있다면 공동 배관이나 정화조에서 막힐 일은 거의 없다. 그런데도 관리사무소에서 용변 후 사용한 휴지를 변기에 버리지 말고 휴지통에 버리라고 한다면 그 이유는 두 가지 정도다. 주민들이 휴지 말고 다른 무언가를 계속 넣는다거나, 공동 정화조의 설계나 시공이 잘못된 경우다. 정화조는 한 번 막히거나 관리를 안 하면 악취가 지속되니 꼭 확인한다.

· 굳게 닫힌 창문 ·

미세먼지가 심각한 날씨라도 공기청정기가 산소까지 만들어주는 건 아니니 한 번씩 환기를 해야 한다. 집을 보러 갔을 때 창문이 잘 열리지 않는다면 곤란하다. 단순히 창호가 오래돼서 빡빡해 열리지 않는 거라면 창호를 교체하면 되지만(물론 비용이 상당하다), 외부적인 요인인 해충, 소음, 악취로 인해 창문을 열지 않는 거라면 인테리어는 바꿔도 주변 환경을 바꿀 수 없으니 고려해야 하는 요인이 된다.

· 베란다에서 나는 음식물 냄새 ·

음식물 쓰레기를 모아서 발생하는 일반적인 냄새는 괜찮지만, 그 정도와 종류를 아득히 벗어난 냄새는 의심해야 한다. 위층에서 내려오는 우수관에서 물이 샌다거나 단열이 약해서 외부 열이 그대로 유입되는 등의 요소로 고온다습한 환경이 만들어지면 음식물을 잠깐 내놓아도 부패 속도가 현저히 빠르기 때문이다. 베란다에 밴 냄새는 실내 벽 철거로 쉽게 벗겨 낼 수 있는 게 아니니 주의 깊게 살펴본다.

· 그 외에도 간단히 확인할 수 있는 것 ·

단지 내 도로에 주차된 차가 있다면 주차 공간이 부족할 수 있고, 놀이터에 녹
슨 시설물이 있다면 관리 상태가 좋지 않거나 거주자 대다수가 높은 연령대
일 수 있다. 온수가 바로 나오는지 확인하고, 바닥이 기울지 않았는지, 천장
이나 벽 중 어느 한 면만 유독 새로 고친 흔적이 있다면 살던 사람에게 꼼꼼히
물어 확인하는 게 좋다.

집요정이 말하는

아파트 vs 단독주택

서로 다른 주거의 형태를 비교해서 무엇이 나은지 결론을 내릴 수는 없지만, 우리 부부가 아파트와 단독주택 사이에서 고민하면서 나누었던 이야기를 함께 나누고자 한다.

관리

아파트 ★★★　　vs　　단독주택 ★☆☆

아파트는 관리사무소를 통해 정기적인 소독이나 수도와 난방의 관리, 분리수거와 단지 내 청소까지 거주자가 직접 손댈 일이 거의 없다. 하지만 단독주택은 마당 관리부터 자잘한 교체까지 직접 해야 한다. 큰 수리가 필요한 경우라면 시공업체에 연락하면 되니 업체의 연락처를 미리 알아 놓아야 문제가 생겼을 때 빠른 대응이 가능하다. 단독주택은 해충이나 벌레에도 취약해 소독과 관리를 철저히 해야 한다.

치안

아파트 ★★★   vs   단독주택 ★★☆

개인적인 경험에 비추어 보자면, 어린 시절 주택에 살았을 때 집에 도둑이 들어온 적은 한 번도 없지만, 아파트로 이사 오고 나서는 한 차례 도둑이 다녀간 적이 있다. 사실 '범죄의 대상'이 된다는 개념은 거의 복불복에 가깝기도 하고 평소에 문단속이나 집 앞에 우편물과 신문이 쌓이지 않게 관리하는 등 개인적인 관리를 통해서 예방이 가능하다. 아파트는 관리사무소가 있고 외부인 출입을 자제하는 등 치안에 더욱 신경 쓰고 있지만(물론 관리비에 포함되어 있다), 단독주택은 사설 경비업체에 비용을 지불하고 맡겨야 한다.

개별 공간

아파트 ★★☆　vs　단독주택 ★★★

드물지만 아파트에서도 지하 공간에 세대별로 창고를 주거나 아니면 텃밭을
제공하는 등 주거의 질과 환경에 관련된 개별 공간을 제공하고 있다. 하지만
단독주택에 비하면 아쉬운 수준이다. 단독주택의 가장 큰 장점은 다양한 개
별 공간을 갖는 데 있다. 마당, 다락, 창고, 텃밭 등 자유로이 사용할 수 있는
공간이 매력이다. 하지만 꾸준하게 관리를 해야 하는 피로감이 개별 공간에
대한 만족감을 넘어서지 못하고 불편하게 느껴진다면 결국 다시 아파트로 가
게 되는 경우가 있다.

비용

아파트 ★★★   vs   단독주택 ★★☆

아파트와 단독주택의 취득세는 동일하다. 면적에 따라 세율이 조금씩 변동되니 해당하는 집에 따라 적용되는 세율을 확인해보는 것이 좋다. 다만 해가 갈수록 아파트의 공시 가격이 높아지면서, 같은 실거래가의 아파트와 단독주택이라도 아파트가 더 많은 재산세와 심지어는 종부세를 부담하는 추세다. 수도세와 전기세의 비율도 비슷하게 나오나 관리비에서 가장 차이가 크게 나는 것은 바로 난방비다. 하지만 요즘 신축 단독주택은 에너지 효율이 높은 자재를 사용하거나 태양열을 활용하는 등 관리비를 낮추는 여러 방안으로 기존 단독주택이 갖는 아쉬움을 보완하고 있다.

집

.. 디자인·철거

부동산 계약 당일, 우리는 부모님 참석 없이 둘이서만 집 계약을 해냈다. 부동산 사장님은 요즘은 부모님 없이 부부만 와서 계약 하는 경우가 흔하다고 했지만 불안한 기분은 어쩔 수 없었다. 그 간 들어왔던 부동산 계약과 관련된 마치 전설과도 같은 흉흉한 이 야기들 때문인지 계약이 끝날 때까지 부동산 사장님의 입에서 나 오는 모든 말을 놓치지 않으려고 (아마 수능시험 이후) 내 생애 최 고의 집중력을 발휘했던 것 같다.

기분이 희한했다. 이 땅 어딘가 남편과 내 이름으로 된 공간이 생 겼다니. 부모님의 성함 아래 가지런히 적혀 있던 등본 속 내 이름 이 떠날 준비를 하는 것처럼 나도 이제 부모님의 울타리를 벗어 나 '진짜 어른'이 된 거 같아 부담도 느껴졌다. 많은 신혼집 후보 를 알아보고 서로 의논해 이 집을 선택한 것처럼 다가올 결혼 생 활에서의 크고 작은 선택 또한 누구도 아닌 우리가 선택하고 책 임져야 할 테니 말이다.

하지만 부담은 일단 나중으로 미뤄두고 집을 계약한 그 순간은 마치 끙끙 앓으며 진행해 오던 프로젝트가 끝난 듯 속 시원했다. 결혼 선배들이 말하길, 집이 결정되면 결혼 준비의 반 이상이 끝 났다고 생각해도 된다더니 아직 시작도 안 한 공사가 다 끝난 기 분이었다. 앞으로 집 공사를 진행하며 얼마나 많은 챙길 거리와 돈 쓸 일이 기다리고 있는지 가늠할 수가 없으니 그저 후련하고 신이 났다.

본격적인 집 공사를 시작하기에 앞서 그동안 내가 그려왔던 공간에 대한 이미지를 회사 일보다 열정적으로 수집했다. 전문 공사는 전문가에게 맡기되 내가 원하는 이미지가 어떤 것인지 확실히 전달해야 후회 없는 결과물을 만들 수 있다고 생각했기에 가볍게 의견만 전달해선 안 될 것 같았다.

이미지를 하나둘 모으다 보니 '대충 이런 느낌' 같은 추상적 표현으로만 말하던 취향들을 구체적인 색감이나 형태로 표현할 수 있게 되었다. 이를테면 벽과 천장은 무늬 없이 흰 페인트로 깔끔하게 만들고 싶었고, 가구나 전체적인 분위기는 오래 봐도 질리거나 유행을 타지 않을 중간색의 원목을 사용했으면 했다. 화려함이 아닌 따뜻함과 조용함이 느껴지는 동양적인 분위기, 현대적인 느낌이 가미된 최근의 '한옥 실내인테리어'라든가 '일본식 인테리어'라고 검색했을 때 많이 나오는 이미지들과 흡사했다. 혼자만의 의견으로 완성되는 집은 아니었지만 신기하게도 각자 그리고 있었던 신혼집의 모습이 비슷한 편이었다. 남편은 서로 의견이 다른 부분도 웬만하면 '건축주'인 내 취향을 최대한 반영하려 노력하는 직업 정신을 발휘해 주었다.

철거공사 일주일 전, 남편의 주도로 낯설게 생긴 공구 몇 개를 챙겨 신혼집으로 향했다. 철거 전에 집 상태를 확인하고 철거 사장님께 전달해야 하는 내용이 무엇인지 파악하기 위해서였다.

사실 당시에 나는 '철거'라는 일 자체가 구체적으로 집의 어디서 부터 어디까지 없애는 일인지도 몰랐다. 기존에 붙어 있는 벽지나 장판, 싱크대를 없애 빈 공간의 상태로 만드는 일이라고 추상적으로 가늠할 뿐이었다. 심지어 철거만 전문으로 하는 업체가 있다는 것도 신기했다. 마루면 마루, 벽이면 벽. 각 위치의 공사를 맡은 담당자가 알아서 기존의 재료를 떼어내고 새로운 재료를 올려 공사한다고 생각했기 때문이다.

무엇을 확인하면 될지 몰라 갈 곳 잃은 발걸음을 하고 있는 동안 남편은 과감하게 벽지의 일부를 칼로 잘라내 뜯어보고 너덜너덜해진 장판을 들어 올려 바닥 상태를 확인했다. 그러다가 벽이 어떻게 이루어져 있는지 본다고 하며 전동드릴로 순식간에 드르륵 벽을 뚫기도 했다. "벽을 막 뚫으면 무너지는 거 아니야?"라고 남편의 입장에선 헛웃음이 나오는 질문을 던지기도 했다. 그때의 나는 공사에 대한 기초 지식이 하나도 없었으니 남편이 구멍을 낸 그 벽은 철거하며 다 없어질 벽이라는 것을 알 리가 만무했다. 남편은 그렇게 뜯어보고 뚫어보며 철거 가능 여부를 확인한 후 한두 개의 벽을 제외하고는 펜으로 벽이나 바닥에 큼지막하게 '철거'라고 썼다.

빈집이라 벽에 표시도 할 수 있고 공구를 이용해 벽 상태를 확인했지만, 전문가가 아니라면 판단하기 어려운 건 사실이다. 보러간 집이 빈집이 아닌 경우가 많고, 철거에 관한 생각조차 하지 않는 게 일반적이다. 집의 구조를 변경하고 싶다면 전문가와 집을 방문해 원하는 집의 구조를 말하고 함께 계획을 세워 의견을 따르는 게 좋다.

철거 상태를 파악했으니 집 도면을 그리기 위한 준비를 했다. 챙겨온 공구 중 남편이 나에게 쥐어준 것은 손안에 쏙 들어오는 네모반듯한 공구였는데 그것은 '레이저 줄자'라고 하는 것이었다. 길이를 재고 싶은 영역의 시작점에서 버튼을 눌러 끝점까지 평행선을 이루도록 레이저 포인터를 쏘면 길이 측정이 가능하다. 줄자만 떠올리던 나는 이런 신문물도 있구나 하며 감탄하면서도, 앞으로 집 공사를 진행하면서 배우고 알아야 할 것들이 산더미겠구나 하는 생각도 들었다. 남편이 알려준 대로 현관부터 베란다까지 시작점을 갖다 대고 집 이곳저곳의 넓이와 길이를 측정했다.

철거가 마무리되는 날 저녁에 남편과 신혼집에서 집합하기로 약속을 잡았다. 철거만 끝났을 뿐, 완성된 집을 보러 가는 것도 아닌데 괜히 설레는 마음으로 퇴근 후 부리나케 집으로 향했다. 잔뜩 기대에 부푼 마음으로 들어선 우리 집은 이쪽 일에 비전문가인 나에겐 놀라움과 당황스러움 그 자체였다. 회색빛 시멘트 벽돌만이 가득하고 바닥엔 걸음을 내디딜 때마다 폴폴 날리는 시멘트 가루가 가득한 공사장의 모습이었다. 벽을 세게 치면 와르르 무너질 것처럼 돌덩이들만 남겨놓는 것이 철거라는 공사였던 것인가. 불과 얼마 전까지 내가 봤던 집의 흔적을 하나도 찾을 수 없었고 심지어 기존의 구조마저 달라 보이는 느낌도 들었다.

거실로 이어지는 벽은 벽돌이고 다용도실과 침실로 연결되는 벽은 철근콘크리트로 되어 있는 것도 마치 토핑이 다른 햄버거의 단면도를 보듯 신기했다. 가장 놀랐던 부분 중 하나는 침실에 있는 창문의 정체였다. 그 방엔 조금 답답하다 싶은 크기의 창문이 하나 있었는데 철거 후 창틀이 사라진 창문은 철거 사장님이 실수로 더 넓게 뚫어버린 게 아닐까 싶을 정도로 큰 영역을 차지하고 있었다. 하필 그날 영하의 날씨였던 탓에 침실 방에 들어선 순간 뻥 뚫린 창문으로 사정없이 바람이 들어와 바깥에 있는 것보다 훨씬 추운 기분이었다.

철거 상태를 체크하고 나니 시계는 여덟 시를 향해 가고 있었다. 철거가 잘됐는지만 확인하고 나면 오늘의 현장 업무는 끝인 줄 알았는데 남편은 그려온 도면으로 의논해야 할 일이 있다고 했다. 도면을 보기 전에 저녁을 먹어야 하는데 나가서 먹자니 왠지 귀찮아서 망설이니 남편이 배달 음식을 제안했다. 시멘트 가루가 풀풀 날리고 하다못해 신문지 한 장도 없는 허허벌판이 된 집에서 배달 음식을 어떻게 먹나 싶었지만 "치킨 어때?"라는 남편의 한 마디에 빠르게 설득당하여 어느새 간절히 배달을 기다리고 있었다. 배달부가 집을 보고 범죄 현장이라고 생각하는 거 아니냐는 농담을 나누며 새로운 집에서의 첫 배달 주문에 마음이 설렜다. 화장실 앞쪽에 자리를 펴고 함께 배달온 전단지를 대충 접어 한쪽 엉덩이만 아슬아슬하게 걸치고는 치킨을 먹었다. 침실 창문을 통해 거실까지 세차게 들이치는 차가운 바람에 치킨을 쥔 손이 덜

덜 떨렸지만 그날의 치킨 맛은 확실히 달랐다.

몸을 잔뜩 구부리고 저녁을 해결하며 남편이 그려온 도면을 확인했다. 지난번 레이저 줄자로 측정한 수치가 반영된 평면도였다. 본격적인 공사를 하나씩 시작하기에 앞서 평면도를 보며 공간별 구조에 대해 확정을 해나갔다. 남편이 그날 가져온 건 집의 대략적인 평면도였다. 평면도에는 침실, 부엌, 화장실 등 큰 틀이 그려져 있고, 세부적인 내용은 어떻게 활용할지 함께 의논하여 자세히 계획하기로 했다.

평면도를 그리기 전 의견을 모아 결정한 부분은 거실 한쪽 벽을 활용해 붙박이장을 만드는 것이었다. 10평 후반대의 평수다 보니 공간을 많이 잡아먹지 않으면서 수납공간을 확보하는 것이 가장 큰 문제였다. 크지 않은 집에 여기저기 수납장을 놓고 짐을 노출하다 보면 한층 더 좁아 보일 게 뻔하기 때문이다. 붙박이장을 놓게 되면 거실이 붙박이장의 깊이만큼 좁아진다는 말에 아담한 집이 좋다고 했던 저이 없는 사람처럼 작은 집에 대해 안타까움을 토로했지만 어차피 옷장이나 수납장을 사서 놓더라도 그만큼의 공간을 차지하게 될 건 매한가지였다. 그래서 붙박이장을 최대한 벽처럼 느껴지고 눈에 띄지 않게 만드는 게 그나마 해결 방안이었다. 가져올 각자의 짐을 대폭 축소해 붙박이 안에 최대한 모든 수납을 할 수 있도록 하자고 합의했다.

침실에 대한 논의로 넘어가니 남편은 기다렸다는 듯 생각해 둔 구조가 있다며 야심찬 목소리로 계획을 읊기 시작했다. 어릴 때부터 쪽 침대가 아닌 이불에서 잠을 잤던 나는 신혼집 침실에도 침대를 놓고 싶지 않았다. 서양식 높은 침대가 아닌 야트막한 침상에 이불보다는 살짝 더 도톰한 두께의 매트리스를 올리고 싶다고 강조해 왔던 나의 바람을 이뤄준다며 남편이 직접 침대를 제작한다고 했다. 집이 넓지 않은 탓에 침실도 거실처럼 효과적인 공간 활용이 필요했다. 그래서 여유 공간 없이 침대의 세 면이 벽에 딱 맞게 붙도록 침대를 직접 디자인하고 하부공간은 수납장으로 쓸 수 있도록 맞춤 제작을 하기로 했다.

거실과 침실에 대한 구상이 정리되고 그 뒤로도 가장 오랜 시간 이야기를 나누며 고민한 부분은 화장실의 구조였다. 화장실은 철거하고 나니 이렇게 좁았나 싶을 정도로 작은 공간이었다. 이 좁은 공간에 변기, 세면대, 심지어 욕조까지 있었다는 게 의문일 정도였다. 철거 전 화장실은 문을 열고 들어갔을 때 정면엔 변기가 있고 그 왼쪽에 차례로 세면대와 욕조가 있는 구조로 이루어져 있었다. 하지만 욕조를 없앨 계획이었기 때문에 기존의 구조를 유지할지 그게 아니라면 더 좋은 구조가 있을지 이야기를 나눠야 했다. 동선을 생각하면 문 앞 정면에 세면대가 있고 안쪽으로 변기와 샤워부스가 있으면 자연스러울 것 같다고 생각했지만, 하수관 위치 변경이 어려워 변기 위치는 옮기기 어려울 확률이 높아 보였다.

그래서 남편이 제안한 방법은 기존에 세면대와 욕조를 없애고 그 공간에 세면대와 샤워부스를 일렬 배치하는 구조였다. 그렇게 되면 다른 벽을 활용하여 붙박이장을 만들 수 있으니 수납 때문에 비좁아지는 일도 방지할 수 있었다. 샤워부스에서 변기 쪽으로 튀는 물은 가벽을 세워 막는 방법으로 해결이 가능했다.

좁은 화장실 공간 하나를 가지고 치킨을 다 먹고 나서까지 기나긴 토론이 이어졌다. 이야기를 나누다 보니 어느새 주제는 화장실을 벗어나 슬라이딩 도어가 가능한지의 여부까지 이어졌다. 이전에는 한껏 꾸미고 만나 회사에서 있었던 이야기나 다음 주말엔 뭐 할까 같은 이야기를 나누곤 했었는데 이젠 제법 편안한 옷차림을 하고 시멘트 가루 가득한 바닥에 쪼그리고 앉아 살아갈 집에 대한 대화를 나눈다니. 우리에게 생긴 새로운 대화 주제가 신기하면서도 '이제 우리도 부부다!'라는 우쭐한 기분도 들었다. 부부일 때만 할 수 있는 현실적인 대화들을 나누고 있자니 우리의 관계가 순식간에 몇 년을 함께한 것처럼 깊어진 느낌이었다.

문을 열면 변기, 세면대, 욕조가 차례로 있는 구조다.

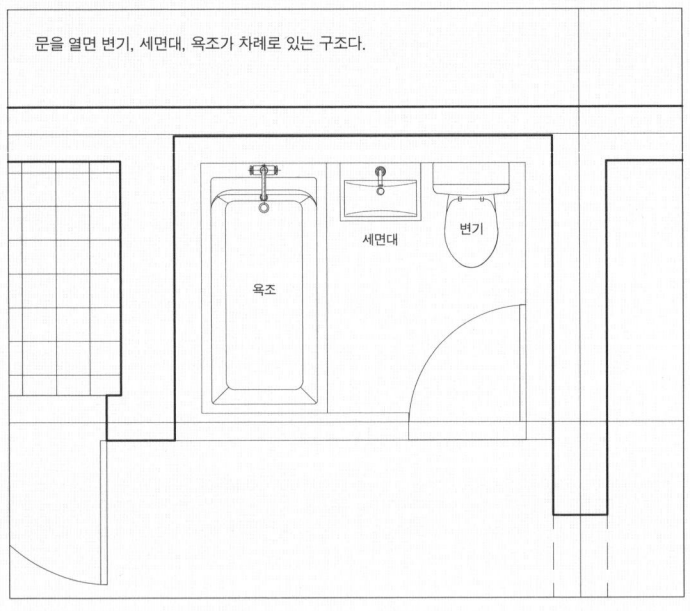

세면대

변기

욕조

화장실 인테리어 후

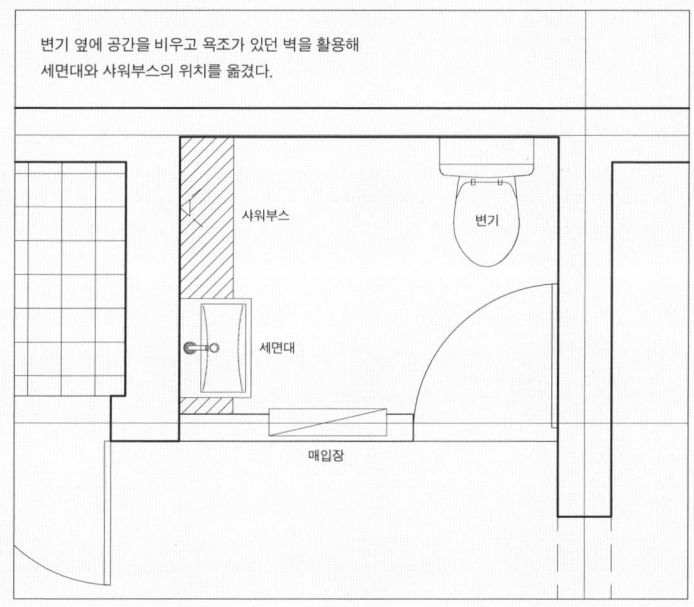

변기 옆에 공간을 비우고 욕조가 있던 벽을 활용해
세면대와 샤워부스의 위치를 옮겼다.

사워부스

변기

세면대

매입장

남편

철거 사장님과의 현장 미팅 일정이 잡혔으니 그전까지 인테리어의 방향을 결정해야 했다. 디자인 방향과 범위에 따라 무엇을 철거할지 혹은 무엇을 살려둘지 결정되기 때문이다. 디자인적 요소인 마감재부터 기능적 요소인 단열, 방수, 전기, 기계 등 설비와 작은 부분까지 예측 가능한 모든 요소를 고려해야 한다.

예를 들면 텔레비전 하부장 없이 벽걸이 텔레비전만 설치하기 때문에 콘센트와 랜선을 벽걸이 텔레비전 뒤로 숨겨야 한다던가, 기존에 내단열이 되어 있지 않으니 기존 가벽은 모두 철거하고 새로 가벽을 만들면서 단열을 잡아야 하는 등 구체적인 내용도 생각해야 한다.

디자인을 잡는 과정에서는 아내의 의견도 중요한 역할을 했다. 내가 건축을 잘 아는 만큼 걸레받이나 창호 같은 디테일한 부분에서 내 취향을 담았고, 아내는 전체적인 톤을 잡는 과정을 주도했다. 물론 그걸 모두 도면화하고 아내가 이해할 수 있도록 3D 모델링 하는 것은 내 일이었지만 말이다. 하하.

사실 이 시기에 결정된 디자인과 기능이 모두 적용 가능한지는 철거를 해봐야 명확해진다. 부엌을 확장하고 싶어도 구조가 불안하면 불가능한 일이고, 벽에 콘센트를 추가하고 싶어도 전원을 끌어올 선이 근처에 없다면 벽 전체를 철거하는 경우도 생긴다.

잠시 구조 확장에 대해 짚고 넘어가려 한다. 건축 일을 하면서 가장 많이 듣는 이야기는 '면적'에 대한 이야기다. 아파트 구조의 삶 탓인지 아니면 부동산 문화의 유산인지, 대부분은 가능한 넓은 실거주 면적을 원한다. 신축인 경우에는 넓은 면적 확보를 중요점으로 두고 설계하면 되지만, 리모델링을 의뢰하러 온 클라이언트 중에 '될 거 같은데?' 하며 무조건 해달라는 경우가 종종 있다. 그 '될 거 같은데?'는 세 가지로 나뉜다.

첫째는 아파트 거실 확장이고, 둘째가 아파트 내부 벽 철거, 셋째가 단독 혹은 다세대주택의 내부 변경이다. 최근 대부분의 아파트들은 처음부터 거실 확장을 옵션으로 두고 구조, 난방, 단열이 확장이 가능하도록 시공된다. 문제는 오래된 아파트에서 구조 확장으로 인한 단열과 난방의 보수공사다. 애초에 확장을 전제로 시공되지 않은 만큼, 무리하게 확장한다면 단열과 난방으로 인한 추가 공사가 불가피하고, 시공 자체도 쉽지 않다. 게다가 많은 비용이 추가되기도 한다. 자신은 추위에 강하다며 괜히 단열공사에 돈 쓰지 말고 거실 확장만 하자고 하여 진행하였다가 겨울만 되면 난방비 폭탄을 맞아가며 겨우 버텨가는 분도 있다.

두 번째로 내부 벽 철거는 가능하면 안 하는 게 가장 좋지만 그래도 해야 한다면 조심스럽게 접근해야 한다. 한국의 아파트는 대부분 벽식 구조로 지어졌기 때문에 일단 철근콘크리트로 이루어진 벽체는 건드리지 않는 게 이웃을 위해서도 우리 집을 위해서도 좋다. 기둥식 구조로 된 건물에서도 외벽이나 코어벽체(엘리베이터, 계단 등)가 아닌 이상 대부분의 실내 벽은 철거가 가능하지만 벽의 철거로 집의 균형 자체가 무너질 수 있어 신중을 기해야 한다. 성급한 결론을 내리기 전에 전문가와의 상담을 권유한다.

셋째로 단독 혹은 다세대주택의 내부 확장은 반드시 설계사무소 혹은 구조사무소의 확인을 받아야 한다. 대수선구조 변경 및 면적의 변화가 있는 공사를 일컫는 법적 용어 공사라면 물론 구청이나 시청의 허가를 위해 구조 검토가 있겠지만, 그런 행정 절차를 거치지 않는 경우에도 가능하면 전문가의 검토를 받아야 한다. 가능하면 시도조차 하지 않는 게 안전하긴 하다. 아파트와는 다르게 오래된 단독주택에서는 시멘트 벽돌로 이루어진 벽 자체가 전체 구조를 지탱하는 경우가 대부분이기 때문이다.

아내와 이야기를 나누고 디자인 방향을 결정하고 도면을 그리고 견적을 만들고 아내님께 보고를 올렸지만 반려돼서 다시 만들고 다시 보고를 드리고 겨우겨우 허가를 받고 하다 보니 어느새 철거 사장님과의 미팅 날짜가 되었다. 철거 사장님과 미팅을 할 때는 주의해서 말해야 할 부분이 있다. "여기서부터 여기까지 철거해 주세요." 하는 식으로 단순하게 업무를 정리해 주는 것보다 "여기에 무슨 작업을 하고 어떤 마감이 붙을 예정이에요. 그러니 여기서부터 여기까지 철거해 주세요." 하는 방식으로 전체 공정을 설명하는 편이 좋다. 그래야 철거 작업 중에 발생하는 특이점이나 미팅에서 까먹고 전달하지 못한 내용이 있어도 작업자들이 올바르게 대응할 수 있기 때문이다.

한 번은 회사에서 내부 천장을 높이기 위해서 천장을 철거하려던 프로젝트가 있었다. 방 한쪽 구석에 주먹만 하게 구멍을 내서 직접 확인하였을 때 확보 가능한 공간을 살펴보았기에 내린 결정이었다. 그래서 현장에서 단순하게 철거 사장님께 "천장을 철거해 주세요."라고 전달했다. 그리고 몇 시간 뒤 철거 사장님에게 전화가 왔다. "혹시 천장을 높이려고 철거하시려는 건가요?" 알고 보니 거실 한가운데부터는 천장 슬라브의 높이가 낮아져 더 이상 확보할 수 있는 공간이 없다는 것이었다. 이미 그 부분도 상당 부분 철거가 진행되긴 했지만 철거 사장님께 너무 늦지 않게 연락이 왔기에 다행이었다. 만약 철거 사장님과 사전 미팅에서 "천장을 높이려고 하니 천장을 철거해 주세요."라고 목적을 미리 전달했다면 그래도 석고보드 몇 장값이라도 아끼긴 했을 터였다.

신혼집이라고 하니까 신경 써 잘해주겠다는 철거 사장님과의 미팅을 마치고 아파트 관리사무소로 향했다. 철거 날짜가 잡히면 그다음에는 이곳저곳 인사를 다녀야 한다. 아직 이사를 오지는 않았으니 이사 떡을 돌릴 필요까진 없더라도 어쨌든 집 공사는 소음도 먼지도 많이 나는 일인 만큼 미리 양해는 구하는 게 맞는 일이다. 그리고 그 과정을 서류로 만들어놓은 '입주민 동의서'는 서식과 내용은 각 아파트마다 달라도 그 내용은 대부분 비슷하다. '언제부터 언제까지 인테리어 공사를 할 예정이니 양해 부탁드립니다. 아래 빈칸에 사인 부탁드립니다.'와 같은 내용이 들어간다.

보통 아파트 같은 동에서 30%~50% 정도 가구의 사인을 받으면 된다. 그중 바로 붙어 있는 집들(옆집, 윗집, 아랫집)에 대해서 꼭 받아오라는 강제 사항은 없지만 그래도 가능하다면 무슨 수를 써서라도 그 집들의 사인만큼은 꼭 받는 게 좋다.

왜냐하면 주민들이 사인한 '입주민 동의서'를 통해 공사에 대한 권리를 획득하였다 하더라도 그 권리가 동의서에 사인하지 않은 사람들이 제기하는 민원 및 손해 배상을 막아주지는 않기 때문이다. 저녁에 사인을 받으러 다닌 덕분인지 주민들이 대부분 집에 있어서 사인은 금방 받을 수 있었다. 물론 빈손이 아니어서 그랬을 수도 있지만 말이다.

철거공사 시작 당일, 아침부터 핸드폰이 요란하게 울렸다. 일을 하며 여러 현장을 겪다 보면 어느 정도 무뎌지는 게 바로 욕먹는 일과 사과하는 일이다. 그리고 철거공사 혹은 토목공사를 시작하는 날 처음 보는 번호로 전화가 걸려오면 마음의 준비를 한다. 최대한 사무적인 말투와 그러면서도 무뚝뚝하지 않게, 사과는 진정성 있게 하고 앞으로의 일정과 언제 제일 시끄러울 예정이라는 안내를 조곤조곤 해야 한다. 대화가 잘 풀리면 '조용히 좀 해주세요' 하는 정도로 끝나고 나쁜 경우에는 '우리 집에 고칠 게 있는데…'로 끝난다. 경험상 가능하다면 무리가 없는 선에서 부탁은 들어주는 게 낫다. 어디에 사용할지는 모르겠지만 작은 합판 몇 개 잘라주는 정도로 끝나는 경우도 있다. 그러던 찰나 전화 한 통이 더 왔다. 모르는 번호로 전화 올 때 가장 무서운 건 발신

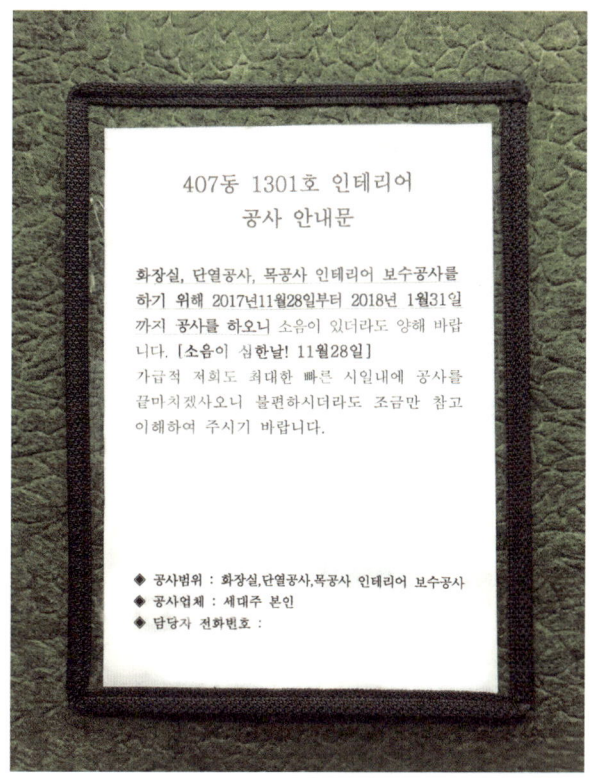

자 번호가 지역 번호로 시작할 때이다. 010으로 시작하는 핸드폰 번호는 나빠 봐야 욕을 먹는 정도이다. 하지만 지역 번호로 시작하는 경우는 대개 관리사무소 아니면 구청에서 오는 전화다. 좋아야 당일 공사 중지고, 나쁘면 민원인에 대한 보상이나 아니면 소음에 대한 원천적인 대안을 제시할 때까지 공사를 중지해야 한다. 그날 온 전화는 관리사무소였다. 아이를 키우는 집에서 너무 시끄럽다고 관리사무소에 민원을 넣은 모양이었다. 다행히도 관리사무소는 우리의 입장도 이해하고 있어서인지 시끄러운 공사는 언제쯤 끝날지 정도만 확인하였고 민원인에게 잘 전달돼 진정시킬 수 있었다.

그사이 철거는 꾸준히 진행되어 집의 뼈대는 고스란히 노출되었다. 중간중간 철거 사장님으로부터 보고받은 바로는 화장실의 플라스틱 마감 뒤로 방수가 하나도 안 되어 있고, 부엌과 화장실 사이 벽은 전부 철거했으며, 생각보다 폐기물량이 많지는 않다고 한다. 들은 이야기를 종합하여 도면에 표시하여 놓고 업무가 끝난 뒤에 얼른 도면을 정리해서 현장으로 향했다. 짐작건대 생각보다 화장실에 일이 많이 생길 거 같았다. 좋게 해석하면 화장실에 대한 디자인의 여지가 많이 생긴 것이고 나쁘게 해석하면 돈 들 일이 많아진 것이다. 건축을 몇십 년 해온 건 아니지만 그래도 확실하게 배운 게 하나 있다면 최악 중에 가장 최악을 대비하라는 것이다. 모든 일이 그렇겠지만 특히 건축은 '좋은 운'과는 거리가 먼 직능이다. 운이 좋아서 천장을 높일 수 있는 공간이 있다거나 운이 좋아 떼어낸 마감재를 재활용할 수 있는 일들을 거의 일어나지 않는다.

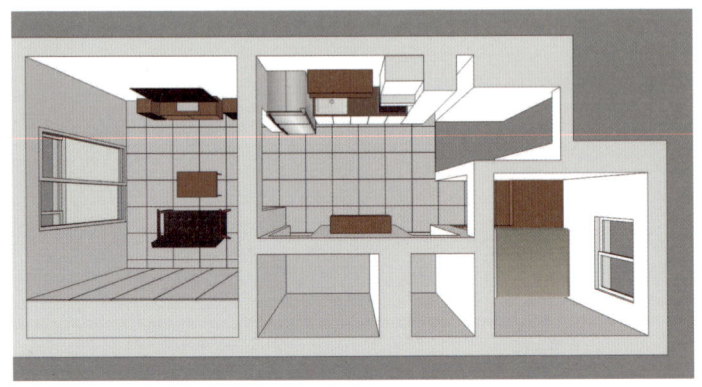

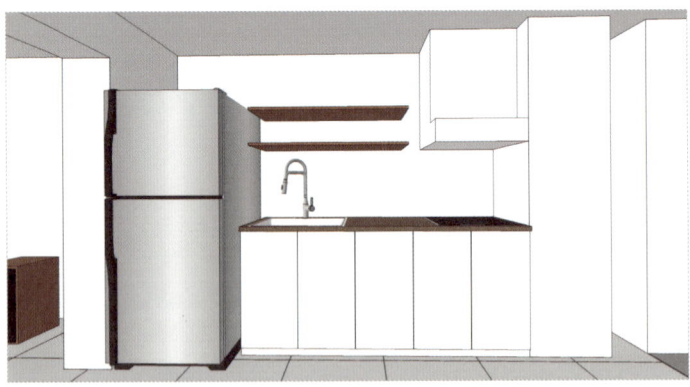

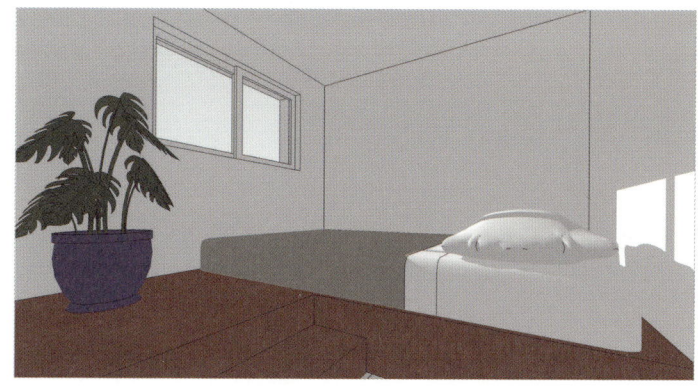

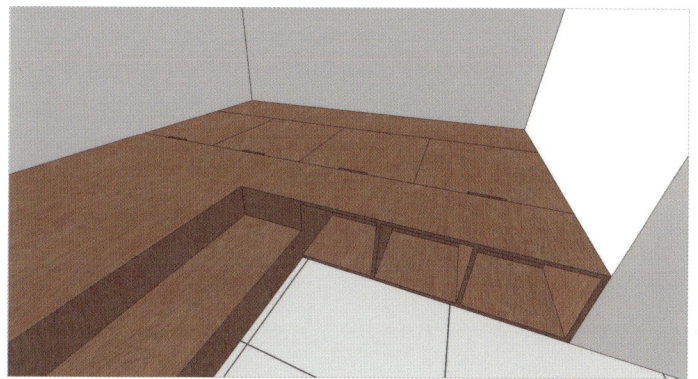

집요정이 알려주는
도면 그리는 방법

직접 자신의 공간을 꾸미거나 인테리어를 하기 전에 우선 도면 그려보기를 추
천한다. 전문 프로그램을 사용하지 않더라도 도면을 그리는 '정확한 목적'만
알면 충분히 도면을 그릴 수 있다. 도면의 목적은 크게 두 가지로 나눌 수 있
는데 바로 '정리'와 '소통'이다.

정리는 공간을 디자인하는 자신을 위한 목적이다. 공간의 쓰임을 정하고 벽에
어떤 색이 어울릴지, 바닥에는 어떤 자재를 사용할지 등, 도면을 그리면서 머
릿속에만 담았던 생각을 정리하는 시간을 가질 수 있다.

소통은 정리된 도면을 가지고 작업자와 논의 및 작업 지시를 위한 목적이다.
어떤 조명을 어느 방에 설치할지, 수전을 설치하려면 어디에 구멍을 뚫을지,
단열재는 어디에 붙여야 하는지 등, 치수와 지시 및 표시 위주로 이루어진 도
면을 통해 작업자가 이해할 수 있도록 도면이 구성되어야 한다.

설계 및 건설회사에서 통용되는 도면 작도법은 모두 이러한 목적을 위해 만
들어진다. 즉, 목적만 달성할 수 있다면 도면을 빨간색으로 그리던 크기가
들쑥날쑥하던 상관이 없다. 하지만 서로 알아볼 정도의 반듯함은 필요하다.

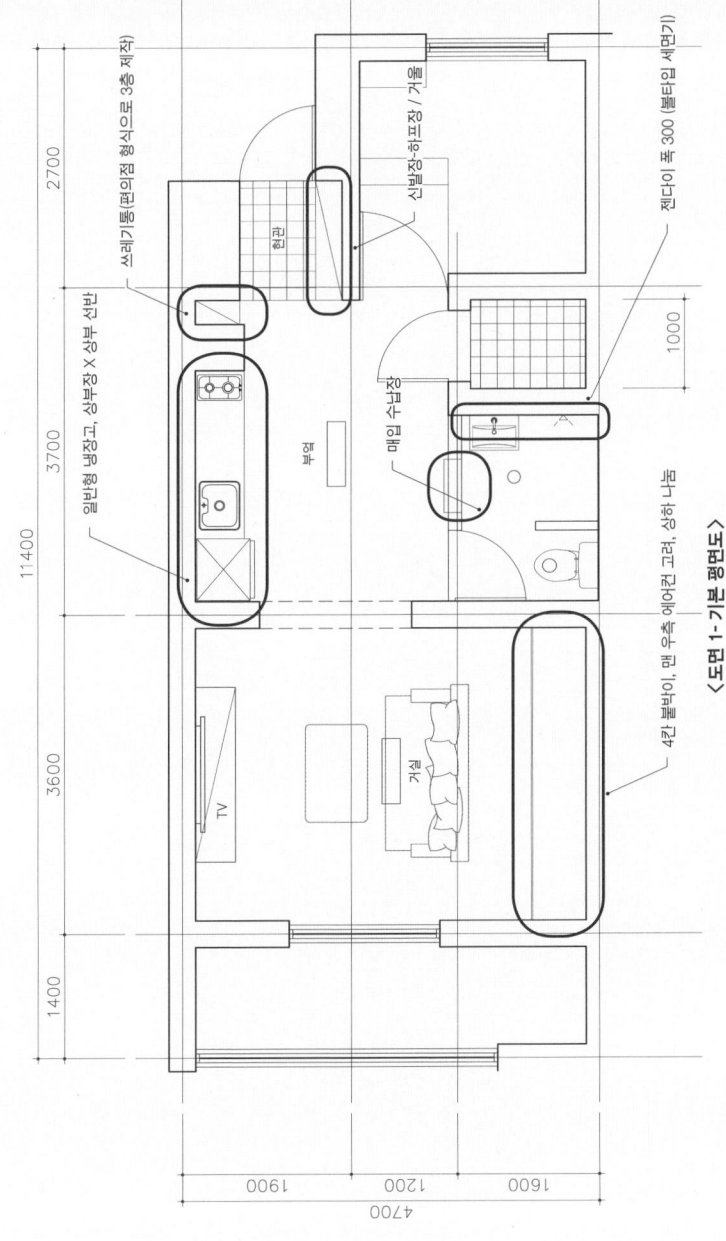

2700

3700

11400

3600

1400

쓰레기통(편의점 형식으로 3층 제작)

일반형 냉장고, 상부장 X 상부 선반

현관

부엌

신발장·화장장 / 거울

매입 수납장

매입 수납장

젠다이 폭 300 (롤타임 세면기)

1000

4칸 붙박이, 맨 우측 에어컨 코러, 상하 나눔

거실

TV

〈도면 1 - 기본 평면도〉

1600   1200   1600
1900   1200   1900

4700

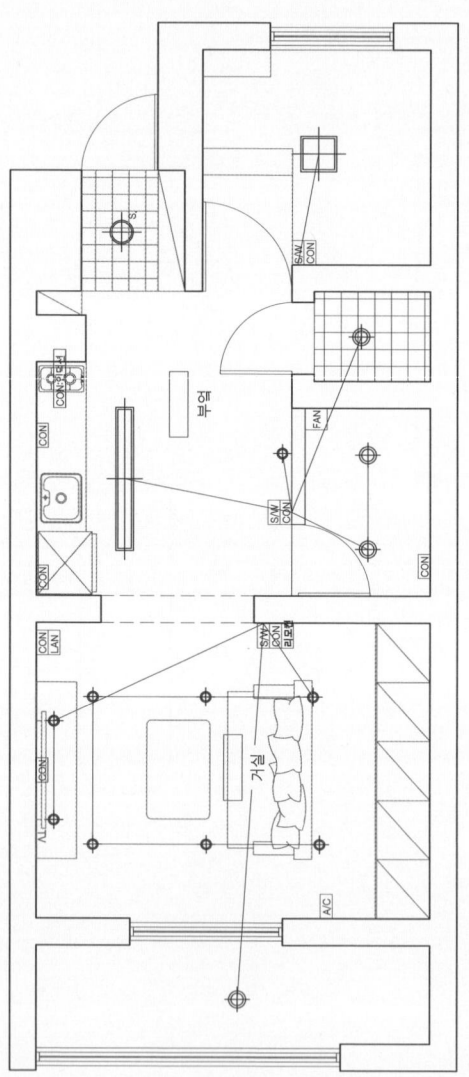

〈도면 2- 현장공사, 조명 도면〉

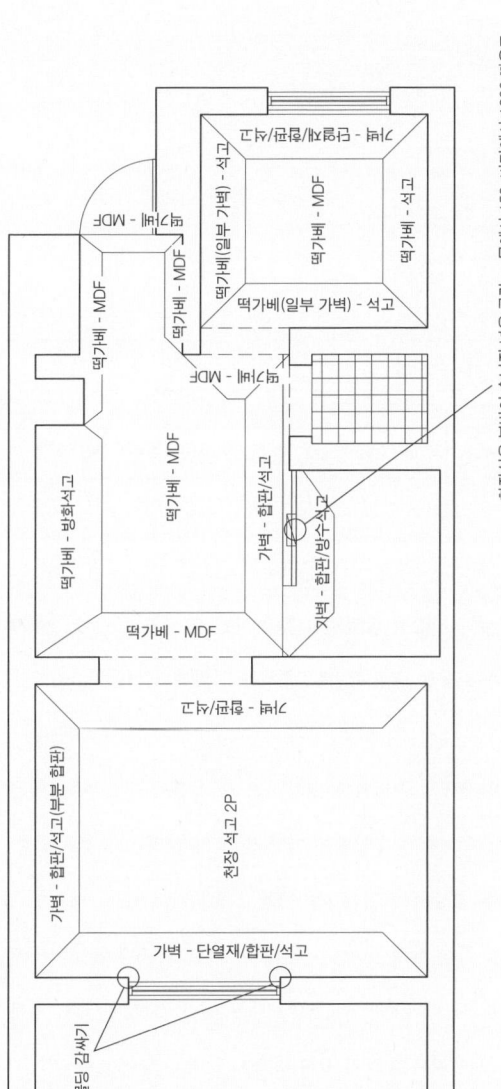

〈도면 3- 목공용 평면도〉

집요정이 알려주는

공사 일정 관리

디자인 ▸ 철거 ▸ 수도, 전기, 방수 ▸ 목공 ▸ 페인트

▸ 바닥, 타일 ▸ 수납 ▸ 수전, 도기, 스위치, 조명 ▸ 보수

시간은 곧 돈이다. 공사 기간을 줄일수록 돈을 아낄 수 있는 당연한 이야기다. 실수를 줄여 시간과 비용을 효율적으로 관리하기 위해 알아둘 두 가지 사항을 소개한다.

첫째, 때로는 자재업체에서 준비하고 제작하는 데 시간이 필요하다. 예쁜 타일을 찾아서 구매하려고 보면 수입하는 데만 몇 달이 걸리는 경우도 있고, 시스템 창호는 주문 후 제작하는 데만 2주 이상 소요되기도 한다. 이러한 사항을 인지하지 못하고 정작 해당 공정을 시작해야 하는데 자재가 준비되지 않아 텅 빈 현장을 멍하니 바라보며 며칠을 보내는 일은 없어야 한다. 공사 일정을 잡기 전, 원하는 자재와 물건이 공사 날짜에 맞춰서 들어올 수 있는지 반드시 확인하자.

둘째, 무언가를 '옮기는' 데도 시간과 비용이 발생한다. 고가의 수전과 도기를 몇 주나 기다려가며 받았는데, 배송 기사님은 아파트 1층에 내려두고 가버리고 설비 사장님은 막상 설치하러 와서는 집까지 물건을 올려주는 건 자기 일이 아니라고 한다. 그제야 물건을 올려줄 사람을 구하느라 하루를 그냥 보내기도 한다. 그런 일을 막기 위해 처음부터 자재 구매 업체나 시공사 둘 중 하나로부터 '자재를 옮기는 일'까지 계약에 포함하거나 자재 도착 날짜에 맞춰 미리 자재를 옮길 작업자를 섭외해야 한다.

집요정이 말하는

업체에 맡기기 vs 직접 다하기

"어디까지 내가 할 수 있을까?"라는 고민이 가장 클 것이다. 전체 공사의 범위를 정해놓고, 업체에 맡길 부분과 직접 할 수 있는 부분을 정해보자.

난이도

업체에 맡기기 ★★★　　vs　　직접 다하기 ★☆☆

'크게 신경 쓰고 싶지 않아서'라는 이유로 인테리어 전체를 업체에 맡기고는 한다. 하지만 대부분 건축, 인테리어 종사자들은 오히려 고객이 명확한 의견을 내지 않고 신경도 쓰지 않는 것을 두려워한다. 일단 이 디자인이 좋아서 좋다는 건지, 아니면 귀찮아서 좋다고 하는 건지 알 수 없는 것도 문제지만, 막상 공사가 끝나고 나서 고객이 생각했던 게 아니라고 할 수 있기 때문이다. 따라서 업체에 모든 걸 맡겼다 하더라도, 몇 개의 시안 중에서 하나를 선택하는 '결정'을 하는 것은 오롯이 나의 몫이다.

비용

업체에 맡기기 ★★☆   vs   직접 다하기 ★★★

당연히 직접 공사를 진행하는 게 당장의 금액만 보면 훨씬 저렴하다. 하지만 직접 다하면 AS가 안 되는 만큼 추가 비용이 숨겨져 있다는 사실도 알아야 한다. 생업을 접어두고 공사에만 매달려 있을 수 있는 상황이 아니라면 시간에 대한 비용도 같이 고민해야 한다. 두 가지 이상의 공정이 혼합되는 경우 공정과 현장 관리가 정상적으로 이루어지지 않아서 시간이 많이 소요되기도 한다. 전문성의 부족으로 생긴 공사 도중의 문제를 수습하는 과정에서 발생하는 비용도 같이 고려해 볼 문제다.

자유도

업체에 맡기기 ★★★   vs   직접 다하기 ★★★

건축을 업으로 삼는 경우가 아니라면 직접 한다고 해서 마음대로 할 수 있는 건 아니다. 오히려 공정에 한계가 있고, 어떤 스타일을 하고 싶다고 하더라도 거기에 어울리는 자재가 무엇인지 디테일은 어떻게 풀어야 하는지, 자재와 시공자는 어디서 구할 수 있는지는 혼란스러울 수 있다. 그럴 땐 업체에 맡기는 편이 훨씬 유리하다. 그래도 직접 시공을 원한다면 많은 자료 조사가 필요하다. 포털사이트와 SNS, 인테리어 책 등 다양한 자료들이 많으니, 자신의 스타일을 찾아서 원하는 방향으로 시도하는 것도 좋다.

설비 ·· 방수·수도·전기

아내

화장실 방수공사 전에 벽의 일부를 메꿔야 할 일이 생겼다. 철거를 하고 나니 화장실 안쪽 벽 코너에 틈이 있어서 공사를 시작하려면 그 비어 있는 틈에 벽돌을 쌓고 시멘트를 발라 마감해야 했다. 하루 일당을 들여 전문가에게 맡길 수도 있는 일이었지만 손봐야 할 영역이 크지 않아 누군가에게 맡겨서 작업하기도 애매했다. 게다가 방수공사 일정이 임박한 탓에 직접 해결할 수밖에 없었다. 워낙 작은 부분이라 셀프 시공을 한다고 해서 몇 백만 원을 아낄 수 있는 건 아니었지만 이것저것 신경 쓸 일이 많은 결혼 준비 속에서 아무 생각 없이 육체노동을 하면 조금이나마 스트레스를 해소할 수도 있겠거니와 공사 비용을 조금이라도 아끼면 집에 채워 넣을 무언가를 살 수 있겠단 생각을 하니 이참에 한번 도전해보는 것도 나쁘지 않아 보였다. 남편은 이 기회에 나에게 시공 체험을 시켜줄 수 있겠다며 즐거워했다. 이때다! 싶은 뉘앙스를 풍기는 걸 보니 언젠가 한 번은 본인의 직업과 관련된 일을 시켜보고 싶었던 것 같았다.

화장실 벽을 메꾸면서 그 김에 거실과 방의 문턱을 제거한 후 파여 있던 홈도 같이 시멘트로 메꾸기로 했다. 생각보다 오래 걸릴 수 있다며 주말 아침 일찍 만나 신혼집 현장으로 가기로 했다. 전날 남편은 나에게 일하기 편하면서도 귀하지 않은 옷을 입고 와야 한다고 당부했다. 평상시 그렇게 여성스럽게 입지도 않지만 너무 편안한 옷차림은 즐기지 않는 나는 그동안 맨투맨과 청바지 이상의 편안한 옷차림을 하고 남편을 만난 적이 없었다. 실제로 그 흔한 트레이닝 바지 하나 없던 나는 남편의 우려대로 나름 가장 편하고 귀하지 않은 옷인 청바지와 여러 해 입어 조금 느슨해진 목폴라 니트를 입고 나섰다. 남편은 나를 보자마자 집에 돌려보내고 싶어 하는 눈빛이 역력했지만 나는 비록 트레이닝복은 아니어도 이 복장이 현재 최선의 작업복임을 주장하며 출발을 재촉했다. 여담이지만 그날 남편은 신혼집 현장으로 향하는 길에 다가오는 내 생일엔 꼭 트레이닝복을 선물해줘야겠다며 다짐했고 실제로 결혼 후 첫 번째 생일에 내 의사와는 상관없이 품질과 디자인이 우수하다는 캐나다 브랜드의 트레이닝 바지를 선물받았다. 가는 길에 잠시 철물점에 들러 시멘트와 작업용 장갑, 흡사 다리미처럼 생긴 미장칼 등을 구매했다. 초등학생 때쯤 아빠와 함께 가보고 처음인 듯한 철물점은 성인이 되어 마주해도 신기한 공간이었다. 시멘트 포댓자루나 접이식 카트 같은, 판매한다는 것조차 신기한 공사 재료들이 사장님의 손에 들려 턱턱 등장했다. 집에 도착하자마자 남편은 일사불란하게 돌아다니며 정리를 좀 하는가 싶더니 바로 시멘트 작업 준비를 시작했다. 큰 플라스틱 통에 시멘트 가루를 붓고 물을 섞어서 반죽을 만드는 게 첫 번째 일이었다. 작업 지시자인 남편의 요청에 따라 통에 부은 시멘트 가루에 '그만' 할 때까지 물을 넣으니 익숙한 빛깔의 시멘트 반죽이 만들어졌다. 보통 길에서 도로포장을 할 때 기계에서 흘러나오던 핫케익 반죽처럼 쫀쫀한 질감의 반죽을 만들고 싶었는데 날씨가 추워서인지 도구의 탓인지 만드는 이의 미숙함 탓인지 그 느낌을 내기가 쉽지 않았다.

이날 해야 할 작업은 화장실 벽 모서리 바닥부터 천장까지 한 뼘 정도 되는 빈 공간에 벽돌을 쌓고 시멘트로 고정해 메꾸는 일이었다. 나는 일단 카트에 담아온 벽돌을 하나씩 남편에게 넘겨주는 일을 맡았고 남편이 먼저 시범 삼아 벽돌을 채워 넣는 일을 시작했다. 시멘트를 조금 떠서 쌓은 벽돌 위에 올리고 미장칼로 다듬으면 벽돌에 착 하고 시멘트가 감길 줄 알았는데 생각보다 시멘트를 여러 번 쌓아 올려야 겨우 벽돌이 고정되었다. 업계 사람은 다르다는 걸 보여주겠다는 태도로 자신만만하던 남편도 살짝 당황한 기색이었다. 게다가 영하의 날씨에 점점 만지기 힘들 정도로 차가워지는 시멘트 반죽도 문제였다. 목장갑을 낀 손이었지만 반죽을 만드는 나도, 시멘트를 바르는 남편도 손이 꽁꽁 얼어서 작업 속도가 더딜 수밖에 없었다.

완성을 반 정도 앞두고 손이 점점 마비된다는 남편을 대신해 나머지는 내가 해보겠노라고 도전장을 냈다. 조소과 출신은 아니었지만 나름 미대 출신이니 어쩌면 숨겨왔던 미장 실력을 발휘해서 남편보다 잘할 수 있지 않을까 하는 승부욕도 조금 생긴 게 사실이었다. 하지만 남편이 당황했던 것처럼 벽돌 사이사이로 꼼꼼하게 시멘트를 바르는 일은 생각보다 어려웠고 바르는 내내 시멘트는 야속하게도 비가 온 뒤 잔뜩 물기를 머금은 진흙처럼 자꾸만 후드득 바닥으로 떨어졌다. 그 바람에 바닥에 떨어진 시멘트를 다시 쌓아 올리느라 계속해서 뻣뻣한 허리를 굽혔다 폈다 해야 했고 손은 차가운 시멘트의 온도에 시리다 못해 아픈 이중고를 경험했다. 점점 감각이 사라져가는 손을 입김으로 호호 불어가며 어찌 됐든 삼 분의 일 정도는 직접 벽돌을 올렸다.

남은 시멘트로는 거실과 침실 방 입구에 문턱이 제거되어 움푹 파여 있는 부분을 메꿔 넣었다. 바닥에 시멘트를 채워 넣는 일은 그리 어렵지 않았고 오히려 재밌었다. 파인 틈에 시멘트를 적당히 넣어 미장칼로 평평하게 다듬기만 하면 끝인 일이다. 그날의 가장 큰 과제였던 화장실 작업을 마치고 다 식어버린 편의점 커피를 한 모금하며 한숨을 돌렸다. 작업 내내 쓰고 있던 마스크와 시멘트 범벅이 된 목장갑을 잠시 벗으니 마치 온종일 열심히 일한 현장 전문가라도 된 양 뿌듯했다. 아주 작은 부분이지만 신혼집 어딘가에 내 노동력이 닿은 부분이 있다고 생각하니 비로소 '이 집의 주인이 될 자격을 부여받은' 기분도 들었다.

며칠 뒤 방수공사가 끝난 화장실을 확인하러 집에 들렀다. 방수공사를 하며 기존과 다르게 바꾼 세면대의 수도 위치도 확인했다. 노출된 수도관을 벽과 천장, 바닥으로 다 묻어버리고 나니 원래도 작았던 화장실이 한 명만 들어가도 가득 차 보이는 크기가 되어 보자마자 헛웃음이 터졌다. 아직 타일도 붙여야 하고 세면대와 변기도 놔야 하는데 그 모든 게 다 들어갈 수는 있는 걸까. 집 공사가 끝나는 날, 그 어느 공간보다 완성된 화장실이 제일 먼저 보고 싶어지는 순간이었다.

집의 기초를 다지는 일은 생각보다 오래 걸렸다. 방수공사를 마치고 나니 이번엔 전기공사였다. 목공사 전에 전기공사가 완료되어야 하는 일정이라 집의 조명과 콘센트를 어떤 식으로 재배치할지 남편과 논의하는 시간을 가졌다.

우리 집은 준공 후 한 번도 수리하지 않은 오래된 집이어서 일반적인 가정집의 조명 위치를 그대로 가지고 있는 집이었다. 거실등 하나, 부엌등 하나, 침실등 하나 이렇게 공간별로 정직하게 하나씩만 배치된 상태였다. 개인적으로 조명은 공간을 보조해 주는 역할이지 그 공간에서 가장 먼저 눈에 들어와서는 안 된다고 생각한다. 그래서 거실엔 당연히 장식 역할을 하는 조명 대신 공간을 차지하지 않으면서 기능적인 역할만 충실할 수 있는, 덤으로 예쁘기까지 한 매입등을 원했고 남편도 당연하게 매입등을 생각하고 있었다.

심지어 모든 걸 덜어내고 싶은 마음에 부엌도 매입등으로 하면 안 되냐는 의견을 제시했다. 어차피 집도 넓지 않으니 거실과 연결되게 부엌도 매입등으로 하면 통일감도 있을 것 같았다. 하지만 남편은 다른 의견이었다. 부엌은 요리라는 행위를 집중하는 공간이고 그렇기 때문에 매입등으로 빛을 분산시키는 것보단 싱크대 가까이 부엌등을 따로 두는 것이 좋을 것 같다고 했다.

게다가 부엌까지 매입등으로 해버리면 거실과 부엌 사이에 무게감 있게 천장을 잡아주는 역할을 할 수 있는 게 없어 어딘지 이상해 보일 수 있다고 했다. 대신 조금 어두울 수 있는 부엌 맞은편, 그러니까 화장실에서 침실로 향하는 길목의 벽에 또 하나의 포인트 조명을 두는 걸 제안했다. 부엌을 사용하지 않을 때도 조금 어둡다 싶으면 켜놓을 수 있고 새벽에 화장실 갈 일이 생길 때 켤 수도 있는 그런 용도에서였다.

조명이 설치되었을 때의 모습을 상상해 보는 것만으로는 판단이 잘 서지 않았다. 나는 매입이 아니라면 부엌 중앙에 포인트 조명 하나만 놓는 게 낫지 않냐고 소심하게 의견을 펴기도 했지만 아무래도 무엇이 맞는 선택인지 확신이 어려웠다. 결국 다수의 공사 경험자인 남편의 이유 있는 주장을 듣기로 하고 거실에는 총 여덟 개의 매입등, 부엌에 두 개의 조명, 침실에 한 개의 조명을 설치하기로 결정했다. 기존의 전기선을 그대로 유지할 수 있는 부분이 거의 없어 대부분 철거가 필요했고 남편은 전기 사장님께 전달할 전기공사 도면을 준비했다.

⌃
남편

철거가 끝난 다음 날 아랫집에서 전화가 왔다. 지난밤에 화장실 천장에서 물이 샜다는 거였다. 그것도 시커먼 구정물이 뚝뚝 떨어지고 있다고 한다. 순간 정신이 아득해졌지만, 먼저 정중히 사과를 드렸다. 어떻게든 피해는 보상해야 하니 피해 상황을 물었는데 천장만 젖었고 바닥에 떨어진 물은 닦아 냈다고 했다. 천장이 젖었다면 화장실 천장을 보수공사 해드려야겠다고 생각해 저녁 방문을 약속하고 통화를 마쳤다. 아랫집의 피해 보상과 복구에 관한 생각이 끝나니 그 구정물의 정체는 뭐였을까 하는 의문이 들었다. 철거의 진동으로 오수나 하수관에 균열이 가서 관에 남아 있던 잔여물이 흘러나왔다는 게 가장 그럴듯한 이론 같았지만, 전혀 사실 근처도 가지 못한 추리였다.

퇴근 후 아랫집 주민을 만나 욕먹을 각오로 사과를 하고(다행히 이해해 주셨다) 양해를 구해 화장실에 들어가서 천장 점검구를 열고 천장 속에 머리를 들이밀었다. 일단 다행인 것은 아랫집의 화장실 천장도 플라스틱 돔 천장이어서 물이 새어들지 않으니 젖음으로 인한 교체는 필요 없고 일부 닦아주기만 하면 끝날 일이었다(진짜 행복한 순간이다). 이상한 건 어두운 천장 속에서 불빛을 비춰봐도 어느 관에서도 균열이나 물이 새어 나온 흔적을 찾을 수 없었다. 천장 가운데에 검은 물이 고여 있긴 했지만 그것이 어디서 온 물인지 알 수 없는 상황이었다. 한참을 둘러봐도 답을 모르겠는 답답한 상황에 더는 남의 집에 머무를 수 없어 천장 안에 고여 있던 검은 물을 닦아내며 슬쩍 냄새를 맡아 보았지만 아무 냄새도 나지 않았다. 최후의 수라는 생각으로 살짝 손끝에 묻혀 맛을 보았는데, 어디서 많이 마셔본, 그것도 상당히 최근에 마셨던 맛이었다.

얼른 마무리를 짓고 윗집, 그러니까 우리 집으로 달려와 화장실 문을 열어보았다. 자세히 보니 하수 배관이 바닥의 구멍에서 탈락하여 배관과 바닥 사이에 틈이 생겼다. 그리고 그 옆 쓰레기통엔 치킨 박스와 빈 콜라 페트병이 놓여 있었다. 전날 아내와 마시고 남은 콜라를 화장실 하수도에 흘려보냈는데 그 콜라가 일부 틈 사이로 새어들었고, 그게 아랫집의 천장으로 그리고 화장실로 새어 들어갔던 것이다. 현상만 놓고 보면 아랫집으로 물이 샜다는 어마어마한 일이지만, 아랫집 천장은 플라스틱이라서 닦아 내기만 하면 되고 관이 깨진 게 아니라 관만 제 위치에 꽂아 넣고 바닥에 방수공사만 하면 될 일이었다. 우리 집은 기존 화장실에 방수가 안 되어 있어서 어차피 하려 했던 일이었기에 다행이었다.

일하는 방법이야 각자 다르고 개인의 취향이 있겠지만, 나의 경우는 작은 공사일수록 설비업체만큼은 시공하는 지역에서 찾는 게 좋다고 생각한다. 두 가지 이유가 있는데, 하나는 그 지역에서 일하는 만큼 동네 사정에 빠삭하기 때문이다. 아파트 인테리어를 하더라도 같은 아파트의 집을 여러 번 수리 해본 업체는 상하수도 본관이 어디서 올라왔는지, 수압은 어느 정도인지, 천장이나 바닥 속에 관이 어디로 지나가는지 등 겉으로 보이지 않는 부분들에 대해서도 경험을 통해 잘 알고 있기 때문이다.

두 번째 이유는 완공 이후의 문제와 관련되는데 AS의 대응 속도 때문이다. 페인트에 흠집이 있다거나, 마루에 이격이 생겼다든가 하는 문제는 생존이나 위기의식을 크게 자극하는 문제는 아니기에, AS의 대응 기간에서는 조금은 기다릴 수 있는 여지가 있다. 하지만 설비에 생기는 문제들, 특히 천장에서 물이 샌다던가, 갑자기 변기 물이 역류한다던가 하는 등의 문제들은 집주인을 완전히 패닉에 빠뜨린다. 그렇기에 문제가 생기는 즉시 대응해야 하고, 바로 대응하기 위해서는 업체가 지리적으로 가까울수록 유리하다.

다행히도 미리 연락해 둔 설비업체가 있어, 겸사겸사 바로 다음 날부터 작업 시작을 요청했다. 설비 관련해서 일을 지시할 때는 요청할 사항이 도면에 정확하게 나와 있는지 신경을 집중해야 한다. 기본 설비라인에 오류가 있다는 걸 모른 채 설비의 기초 시공이 끝나면 그 오류는 전체 공정의 막바지가 돼서야 문제가 나타나기 때문이다. 변기의 위치에 수도가 없다던가, 싱크대의 위치와 배수구가 너무 멀리 위치한다던가, 갑자기 없던 정수기가 생긴다든가 하는 문제를 알아차릴 즈음에는 이미 마감이 끝나고 기구들을 설치하는 시기일 때가 대부분이다. 마감이 끝난 상황에서 설비 재공사는 시간, 비용, 정신을 급격히 소모하게 만든다. 그래서 가능하면, 아니 무조건 설비와 직접적으로 관련된 수전, 도기, 마감의 위치와 기능을 완전히 결정해 놓고 공사를 시작한다. 단순 인테리어의 경우에는 최대한 기존의 설비 배관을 쓰는 것이 경제적이기에 선택의 폭이 넓진 않지만, 기본 설비라인부터 재구축이 가능한 경우(지금 우리의 상황과 같은)에는 소비자의 입장에서 선택 가능한 폭이 매우 넓어진다.

선택의 폭이 넓은 경우에는 매장에서 마음에 드는 것을 선정해 놓기만 하면 설비 사장님이 잘 맞춰 시공하지만, 그래도 도기와 수전을 고를 때 고려해야 할 부분이 있다. 일단 첫 번째는 벽 배관과 바닥 배관이다. 보통 물이 빠져나가는 배수에 적용되는 이야기인데, 특히 세면대와 깊이 연관되어 있다. 물이 빠져나가는 배수구가 벽에 있으면 '벽 배관', 바닥에 있으면 '바닥 배관'이라고 부른다. 설치된 세면대 하부가 기둥처럼 길게 뻗어 바닥까지 닿아 있다면 대부분 바닥 배관에 해당한다. 기존 배수관이 바닥에 위치하면 세면대에서 바닥으로 내려가는 배수관을 가리기 위해 세면대에 기다란 다리가 붙어 있다. 벽 배관의 경우 세면대에서 배수관이 바닥까지 내려가지 않고 중간에 꺾여 벽으로 나가는 경우다. 그런 경우에는 배수관을 가리기 위해 '반다리'라고 부르는 부품을 설치하기도 하지만, 반다리가 오히려 없는 게 깔끔해 보이는 경우도 있어 취향에 따라 갈리기도 한다.

두 번째는 수전의 색상인데, 수전의 종류가 다양해져 모양과 색상에도 선택의 폭이 넓어지고 있다. 하지만 수전은 기본적으로 금속으로 제작되고, 금속으로 표현 가능한 색상에는 한계가 있다. 그런데도 다양한 색상을 표현하기 위해 금속 표면에 칠을 올려서 판매하는 경우가 있다. 특히 검은색 수전의 경우에는 사용하다 보면 표면에 스크래치가 생겨 칠이 벗겨지기도 한다.

세 번째는 수전을 설치할 곳, 벽이나 세면대, 싱크대 등에 구멍이 뚫려 있는 모습을 확인한다. 세면대에 수전을 설치하기 위해 뚫린 구멍보다 수전이 작거나, 벽에 온수구와 냉수구 간의 간격보다 터무니없이 좁은 간격을 가진 수전을 고르면 설치가 곤란할 수도 있기 때문이다. 매장에 방문하기 전에 설치할 구멍의 크기를 적어서 방문하는 것을 추천한다.

수도 설비에 대한 정리가 끝나간다면, 다음은 전기공사 순서로 넘어간다. 전기업체는 철거업체와 동시에 선정하면 좋다. 공사가 시작되면 임시로 시공 편의를 위한 콘센트와 조명들이 필요하기 때문이다. 그렇게 임시 콘센트와 조명이 설치되고 나면, 보통은 목공일이 시작되기 전까지는 전기에 신경 쓸 일이 없다. 하지만 가벽이 아닌 조적벽_{벽돌로 만든 벽}이나 시멘트벽에 바로 마감이 이루어지는 경우, 스위치나 콘센트 위치를 변경, 추가하기 위해서는 벽에 구멍을 뚫거나 전기선을 해당 위치까지 끌고 갈 수 있도록 벽을 까는 '까대기'라는 작업이 선행되어야 한다. 즉, 벽 뒤에 별도의 작은 공간을 만들어 전선을 끌어오는 데 큰 제약이 없는 목재나 금속 가벽이 설치되지 않는다면, 기존의 골조에 홈을 새로 파서 전기배선이 가능하도록 복잡한 작업을 추가로 해야 할 수도 있다.

철거가 끝나고 목공이 시작되기 전에 할 일이 또 있는데, 창호 설치도 그중 하나다. 간단하게 인테리어만 하는 경우에는 해당하지 않겠지만 미관상 혹은 단열의 이유로 창호를 교체한다면, 일정 관리를 잘해야 한다. 가능하면 미리 창호의 크기를 확정하고 발주를 넣은 다음, 철거가 끝난 직후 바로 설치하는 것이 좋다. 혹시라도 내릴 비를 막아주는 것은 물론이고 안전에 더 좋은 것도 있지만, 내부 마감인 목공 작업을 하는 건 창호가 설치된 뒤에야 가능하기 때문이다.

이외에도 우리 집은 방수공사나 직접 진행했던 미장, 조적공사를 진행했다. 보통 방수공사는 신축이나 대수선, 단독주택의 인테리어의 경우에 진행되지만 일반 아파트 인테리어에서 진행될 일은 거의 없다. 왜냐하면 기존 화장실 타일 위에 타일을 덧방 하는 정도에서 화장실 인테리어가 진행되기 때문이다. 만약 타일을 깨더라도 방수층에 큰 하자만 없다면 도막 방수제만 꼼꼼히 발라주면 될 일이다. 하지만 우리 집처럼 기존 화장실이 플라스틱으로 마감되어 철거하고 났더니 방수가 하나도 안 되어 골조가 그대로 노출된 상황이라면 반드시 방수공사를 선행해야 한다.

미장과 조적같은 경우에는 작은 범위라면 직접 해보는 걸 추천한다. 인건비도 아끼고 부부간의 유대도 생기고(아마도) 직업 체험도 할 기회라고 생각하면 괜찮지 않을까. 이때 챙길 준비물은 쇠흙손(고대), PVC대야, 장갑, 시멘트 벽돌, 레미탈 정도다. 가끔 시멘트 가루와 흙을 비율에 맞춰 물에 섞어 사용하는 방법만 있다고 생각하는데 배합비에 맞추어 시멘트와 흙을 미리 섞어 포대에 파는 '레미탈'이 있으니 그대로 물에 개어 쓰면 된다. 만약 현장에 임시 수도를 설치하지 않았다면 생수통을 챙겨가면 유용하다.

집요정이 알려주는
단열공사의 종류와 성능

건물의 내부 온도에 관여하는 공정은 세 가지가 있다. '냉방'과 '난방' 그리고 '단열'. 보통 냉방은 에어컨이, 난방은 보일러가 담당하는데, 아무리 고가의 냉난방 시스템을 갖춰도 단열 시공이 정상적으로 이루어지지 않았다면 냉난방 비용이 많이 나오는 것뿐만 아니라 결로와 창호 뒤틀림 등의 문제가 추가로 발생할 수 있다.

실내의 벽이나 가구 뒤편에 곰팡이가 생기는 문제의 절반은 결로가 원인이다. 이 문제를 바로 잡으려면 집 안팎으로 넘나드는 열을 막아주면 된다. 이때 창호가 중요한 역할을 한다. 창호를 선택할 때 앞, 뒤로 열리거나 슬라이딩 방식 등 열리는 방식이야 굳이 전문 지식이 필요 없이 취향에 따라 선택하면 되지만, 단열 성능을 따질 땐 '열관류율'을 확인해야 한다. 열관류율이란 열이 얼마나 쉽게 해당 부재를 통과하는지 숫자로 나타낸 기준인데, 국토교통부에서 지정한 지역별 열관류율 표가 있으니 지정된 열관류율보다 설치하려는 창호의 열관류율이 낮으면 된다.

유의할 사항은 창호(프레임)와 유리의 열관류율을 모두 확인해야 한다. 보통 유리에 코팅을 하고 이중, 삼중 유리를 설치해 그 사이에 가스를 채울수록 단열 성능이 좋아지지만, 그만큼 가격 부담도 두세 배 올라간다. 시스템 창호를 사용한다면 열관류율을 쉽게 맞출 수 있지만 가격이 부담되는 만큼 일반 PVC 창호나 알루미늄 창호를 고려한다면 꼼꼼히 따져볼 필요가 있다.

창호를 제외한 나머지 벽의 단열 문제는 내단열 공사를 하면 해결할 수 있다. 단열의 종류를 나누는 기준은 건물 외부에 단열재를 설치하는 것이 외단열, 구조 중간에 설치하면 중단열, 내부에 설치하면 내단열이 된다.

보통 외단열이 가장 단열 효과에는 좋지만 시공 비용이나 법적 면적 조건 등 복잡한 이유로 오래된 공동주거에서는 내단열과 중단열 공사를 자주 볼 수 있다. 다만 내단열에는 현실적인 문제가 있다. 제대로 된 내단열 공사는 필수적으로 목공사가 들어갈 수밖에 없어 상당한 비용이 들어가고 내단열 자재의 두께만큼 집이 줄어든다는 점이다. 이미 기존에 내단열로 시공된 건물이라면 단순히 더 높은 효율의 단열재로 교체할 때 기존 면적에 비해 상대적으로 손해는 크진 않지만, 건물이 중단열이나 외단열로 되어 있고 추가로 내단열 공사를 하는 경우라면 최소한의 두께로 단열재를 시공하는 것이 면적 손실을 줄이는 방법이다.

104

집요정이 말하는

한 번에 전부 vs 여러 번 나눠서

가끔 주변에서 지금 사는 집을 손보고 싶은데 전체 공사를 하게 되면 어디 다른 곳에 가 있을 곳이 없으니 집에 거주하는 상태로 공정별로 혹은 공간별로 나눠서 띄엄띄엄 시공이 가능한지 묻는 경우가 꽤 있다.

비용

한 번에 전부 ★★☆ vs 여러 번 나눠서 ★☆☆

A 공정과 B 공정이 있다. 한 번에 하면 모든 공정이 끝나고 정리도 한 번에 끝나지만, A 공정이 끝나고 다시 살다가 다시 B 공정을 하면 각 공정이 끝날 때마다 정리를 해야 한다. 그만큼 처리 비용 또한 추가로 든다. 쉽게 생각하면 카드 결제를 일시불로 할지, 할부(무이자 안 됨)로 할지의 차이다. 이자율이 약하진 않다.

거주 편의

....

한 번에 전부 ★★★   vs   여러 번 나눠서 ★☆☆

....

애초에 공사를 한 번에 진행하고 그 뒤에 입주한다는 건 공사 기간 내 거취에
대한 대비가 어느 정도 되어 있는 경우다. 하지만 그렇지 못하고 공사가 진
행되어 공사판 한 가운데 자리를 깔고 누워 잠을 청해야 한다면, 호흡기 질환
의 권위자와 미리 친분을 다져두는 것이 좋은 보험이다. 아무리 시공자가 꼼
꼼하게 보양 비닐을 설치하고 모든 작업을 먼지가 날리지 않게 조심하더라도
공사 중 발생하는 먼지는 일상에서 발생하는 것과 결이 다르다. 먼지가 아니
라도 거실에 온갖 자재와 공구들이 뒹굴고 있는데 편한 마음으로 잠들기 쉽
지 않다.

벽과 천장 ·· 목공 · 페인트

⌃
아내

결혼식 준비가 어느 정도 끝나고 나니 이전과는 스케일이 다른 집 공사에 대한 지출이 기다리고 있었다. 목돈이 모여 있는 계좌의 소유주였던 나는 집 공사 동안 임시 회계를 맡았다. 공사를 시작하고부터 남편이 요청하는 시점에 맞춰 일주일에 한 번에서, 많으면 세 번까지 공사 담당자 혹은 업체로 공사비를 송금했다. 철거, 방수공사 등 얼마가 들지 지레짐작도 어려웠던 생소한 공사의 비용을 알아가는 게 나름 쏠쏠한 재미였다. 그러다 한 번, 내가 송금을 주저했던 순간이 있었는데 그것은 목공 비용에 대한 이야기를 들었던 때였다.

"750만 원이 든다고?" 아무렇지도 않게 공사비에 관해 이야기하는 남편에게 순간 방어적인 말투로 되물었다. 목공이라는 일이 공사의 기본을 다지는 일이라 가장 중요하기 때문에 목공 비용이 모든 공사비의 절반 이상을 차지한다는 걸 남편을 통해 익히 들어왔다. 하지만 그동안의 지출 중 가장 큰 금액이었고 목공 비용이 빠져나가고 나면 순식간에 통장 잔고의 앞자리가 바뀌는 상황에 혹 불안해졌다. 이왕 공사하기로 했으니 아쉬움 없이 싹 다 고치자고 마음먹고 시작한 공사이긴 했지만 한참 지출이 많은 시점에 맞는 선택을 한 것인가 마음이 흔들리기도 했다. 부모님 말씀처럼 적당히 도배 장판만 할 걸 그랬나 하는 생각이 빠르게 머릿속을 스치고 지나갔다. 하지만 목공사가 비싸다고 철거까지 다 저질러버린 이 상황을 도로 물릴 수도 없었다.

사실 나는 집을 계약한 후부터 어떤 색으로 벽을 칠할까, 바닥은 어떤 소재로 고를까 하는 디자인에 관한 고민을 주로 했지만, 남편은 집의 기능적인 부분을 어떻게 손보면 좋을지 가장 많이 신경 쓰고 있는 눈치였다. 철거 후 확인한 대로 워낙 오래된 집이라 단열재가 부식된 부분도 있었고 어떤 벽은 단열이 아예 되어 있지 않기도 했는데 그걸 새로 보수하지 않고 껍데기만 변경할 경우 복도식의 사이드 집인 우리는 겨울에 꽤 추울 수 있기 때문이었다. 특히 베란다나 복도 없이 바로 외부 벽과 연결된 침실은 더했다. 근 삼십 년이 되어가는 오래된 집이 제대로 기능하고 처음의 상태로 집을 오래 유지하기 위해서 목공사는 피할 수 없는 단계였다.

목공사는 비싼 공사임은 물론 소음이 가장 많이 발생하는 공사이기도 하다. 공사 시작 전 관리사무소에서 발급받은 공사 일정 안내문을 엘리베이터에 붙였다. 그 안내문에서 강조한 '가장 시끄러운 날'도 목공사를 진행하는 이틀이었다. 공사 시작 전 아파트 각 집을 돌며 양해를 구하고 서명을 받긴 했지만, 예상대로 소음 때문에 몇 번 민원이 들어왔다. 이사하기도 전에 이웃 주민들께 미움만 사는 게 아닌가 걱정됐지만 공사하면서 민원이 하나도 없긴 쉽지 않은 일이라 최대한 빨리 끝내는 수밖에 없었다.

모든 공사가 이른 아침부터 시작하는 터라 시작 시점부터 현장에 있긴 어려워 작업자들과 대부분 소통은 도면을 통해 이루어졌다.

목공사보다 먼저 들어갈 전기공사를 앞두고 퇴근 후 함께 집에 들러 전기 위치와 목공 작업 부분이 표시된 도면을 미리 거실의 잘 보이는 벽에 붙여두었다.

대학교 1학년 학부 시절에 들었던 수업에서 도면 비슷한 걸 그려본 적이 있긴 했지만 과연 이 복잡한 도면만 보고도 공사가 가능하냐며 남편에게 여러 번 되물었다. 심지어 전기공사, 목공사의 작업자가 하나의 도면을 통해서만 의사소통을 하며 서로 삐끗거림 없이 잘 배턴터치 될 수 있도록 해야 하는 일이었다. 집 공사 전체를 통틀어 아마 가장 큰 규모의 공사가 될 텐데 만나서 회의라도 하며 도면에 가득 담겨 있는 수치에 대해 자세히 설명이라도 드려야 하는 게 아닌가 하는 생각이 들었다. 하지만 관련자의 입장에선 너무나 자연스러운 업무 시스템이어서 그저 도면만 미리 전달하고 중간중간 통화로 의사소통하면 크게 틀어질 일이나 걱정할 일이 없다고 남편은 나를 안심시켰다.

주말 아침 일찍부터 작업하는 분들께 드릴 간식을 챙겨 공사가 진행 중인 집으로 향했다. 엘리베이터가 우리 집 층수에 다와가니 멎었다 울려 퍼졌다 하는 공사 소음이 점점 가까워졌다. 엘리베이터에서 내려서는 갑자기 민망할 정도로 굉음이 울려 퍼져서 잘못을 저지른 사람처럼 종종걸음이 되어 복도를 가로질러 갔다. 집에 들어서니 철거 직후 봤던 집과는 완전 다른 세상이 펼쳐져 있었다. 울퉁불퉁 회색빛 시멘트벽 대부분이 깔끔하게 나무판으로 덧대져 있었고 크기가 다른 여러 개의 목재가 한쪽에 줄지어 대기하고 있었다. 아직 완성되지 않은 현관 쪽 천장엔 벽을 만들기 전 지지대 역할을 해줄 것으로 보이는 각목처럼 생긴 목재 여러 개가 붙어 있었고 그 사이로 공사를 끝낸 전기선이 삐죽삐죽 얼굴을 내밀고 있었다. 각종 공사 장비와 재료가 여기저기 쌓여 있는 바람에 복잡해서 그런 것 같기도 했지만, 확실히 단열 작업을 다시 하고 벽과 천장을 새로 덧대니 집이 좁아진 느낌이 드는 건 어쩔 수 없었다.

남편이 공사 담당자들과 이야기를 나누는 동안 나는 공사에 피해가 가지 않도록 자재들과 공구들을 조심스럽게 넘어 다니며 집을 살폈다. 침실에 들어갈 시스템 창호도 설치되어 있었고 목공사 전 전기공사도 미리 끝내 놓아서인지 순식간에 공사 막바지에 다다른 기분이었다. 철거 후 집을 방문할 때마다 벽이고 문이고 모든 게 없어져서 방이나 화장실 같은 기능적인 공간 구분 또한 사라져 보였는데 목공사를 통해 벽을 만들고 문으로 공간 구분도 하니 제법 집 답게 그럴싸해져 언제 목공사를 주저했나 싶을 만큼 마음이 들떴다.

사실 사전 지식이 하나도 없던 시절 나에겐 목공사라는 것이 나무를 사용해서 뭔가를 하는 공사인 것 같긴 한데 그 명칭 자체가 광범위하고 추상적으로 느껴졌다. 어떻게 진행되는 공사인지도 모르겠고 왜 그렇게 돈이 많이 드는지도 의문이었는데 현장을 와보니 왜 공사 소음이 가장 심한 날이 목공사 기간인지, 왜 전체 공사

비의 절반 이상을 차지하는 비싼 금액을 지불해야 하는지 알 것 같았다. 목공사가 끝나는 시점부터 신혼집 탈바꿈 대장정의 스케줄도 중간 점을 찍는 듯 보였다.

집의 전체 색감은 공사 시작 전 미리 정해두기도 했지만 어디에 어떤 색으로 칠할지는 고민하지 않았다. 대부분이 가장 기본이면서도 질리지 않을 흰색을 선택하는 것처럼 우리도 그랬다. 같은 흰색 페인트여도 그 종류가 국내, 해외 브랜드별로 다양하다고 주변에서 익히 들어와서 알고 있었다. 공사를 앞두고 자재 구경을 갔을 때 해외 페인트 브랜드로 유명한 한 업체의 매장에 들어갔다. 매장 벽에는 미술대학 입시 때 내 팔레트에 있던 물감들보다 더 많은 색의 페인트 샘플이 가득 붙어 있고 실제 칠했을 때의 색감을 느껴볼 수 있도록 벽을 꽉 채워 페인트를 칠해 놓은 부분도 있었다. 이런 화려한 색은 어떤 장소에 사용할까 궁금증을 일으키는 색도 있었고 평소 다채로운 옷이나 소지품을 별로 좋아하지 않는 나도 혹하게 하는 멋진 색도 많았다. 다른 업체를 가보진 않아서 모든 브랜드가 이렇게 컬러 선택권이 다양한지 비교는 어려웠다. 남편의 말로는 확실히 유명 브랜드의 색은 넓은 공간을 채웠을 때 그 진가를 발휘한다고 했다. 그 은은하고 고급스러운 색감과 느껴지는 깊이가 다르다나. 유색의 페인트는 그럴 수도 있겠지만 내 기준에서 흰색 페인트는 유명 브랜드든 아니든 크게 차이가 없을 것 같다 싶은데 그렇지도 않다고 했다. 발림 후 느껴지는 광택이나 질감이 페인트마다 다양하다는 것도 나로서는 처음 알았던 사실이었다.

고가의 페인트를 선택한다 해서 도장 비용이 확 뛰는 것은 아니라고 했지만 최종적으로 우리는 유명 해외 브랜드의 페인트를 선택하진 않았다. 우리 집은 국내 브랜드의 일명 '계란광이 나는 페인트'를 사용했다. 누가 지은 별명인지 찰떡같이 정확한 표현이다. 미끌거리는 광택이 없어 촌스러워 보이지 않으면서도 무광이라고 하기엔 답답한 느낌이 없는 딱 그 정도. 정확한 명칭은 아닌 것 같지만 '계란광'이라는 표현이 너무 재미있어 도장 후 확인차 집을 방문할 때도 남편에게 '계란광'의 진위여부를 가리겠다고 야심 차게 이야기하기도 했다.

남편

시공자의 입장에서 인테리어 공사 중에 가장 피 말리는 시간을 고르자면 목공사 기간이 아닐까. 그 이유는 바로 '비용' 때문인데, 그만큼 인테리어 비용에서 목공이 차지하는 비중이 크기 때문이다. 많게는 공사 전체 비용의 절반까지도 차지하는 목공 비용 대부분은 인건비가 차지한다. 기본적으로 팀을 이루어서 움직이는 작업 특성상 하루에 인건비로 지출되는 비용이 백만 원 단위이기 때문이다. 시공을 맡은 입장에서는 목공사가 하루 연장되면 그대로 백만 원이 추가 지출되는 셈이다.

그래서 가능하면 그렇게 일한 날을 계산해서 지급하는 직영 방식보다는 목공사 전체 소요 비용에 대해 목공 담당자에게 견적을 받고 업무 전체를 계약하는 방식을 선호한다. 물론 직영 방식에 비해 갑작스레 추가되는 일에 대해서 추가로 계약해야 하는 번거로움이 있긴 하지만, 잘만 활용하면 전체 공사비 절약에 도움이 되기도 한다.

인테리어에서 목수가 할 수 있는 일은 정말 무궁무진하다. 벽을 세우는 일부터 벽의 마감까지, 그리고 천장을 만들고 문을 달고 심지어는 간단한 가구까지도 현장 제작으로 뚝딱뚝딱 만들어낸다. 그중 새로운 벽이나 칸막이를 만들 때 제일 흥분되는데, 머릿속과 도면으로만 그려 넣었던 선들을 실제로 볼 수 있는 극적인

116

순간이기 때문이다. 우리 집에서는 화장실과 거실 사이의 벽이 그랬는데, 화장실을 철거하면서 같이 사라져 버린 벽을 다시 만들어야 했다. 어차피 새로 만들어야 할 벽이라 벽 두께만큼의 수납장을 매입하여 화장실에서 사용할 수 있도록 공간을 만들어주었다. 좁은 화장실일수록 수납장의 크기가 부담되는데, 수납장을 벽에 매입할 수 있다면 화장실 어딘가에 툭 튀어나와 거치적거릴 것이 사라지기 때문이다. 개인적으로 우리 집에서 가장 만족하는 부분 중 하나가 화장실의 매입 수납장이기도 하다.

우리 집의 화장실처럼 골조가 될 만한 벽이 없던 곳에 새롭게 벽을 만드는 것을 '칸막이'라고 부른다면, 기존 벽에 석고보드나 합판 등의 자재로 마감 짓는 것을 '가벽 공사'라고 부른다. 가벽 공사는 두 가지 정도로 분류되는데, 각목 등의 자재로 수직과 수평의 뼈대를 잡고 그 위에 본드와 타카를 이용해 판재로 마감하는 일반 가벽 공사가 있고, 각목 등의 부재 없이 기존 시멘트 벽체 위에 실리콘이나 석고 본드 등을 이용해 편재를 바로 붙여버리는 떡가배(떡가벽의 잘못된 일본어 표현)공사가 있다. 당연히 떡가벽 공사가 시공 비용이나 기간에서는 이득일 수 있지만, 기존 바탕면이 고르지 않다면 마감 후 면의 매끄럽고 평평한 정도 대해서도 장담할 수 없기 때문에 집이 조금은 줄더라도 가능한 각목을 이용한 일반 가벽 공사를 추천한다. 벽과 벽 사이에 공간이 있다면 단열에서도, 같이 시공되는 전기공사의 편의성에도 좋기 때문이다. 목공사와 전기공사가 같이 움직이는 이유는 단순하다.

스위치, 콘센트, 전등 등의 위치를 목공과 전기공이 실시간으로 협의해야 하기 때문이다. 전선을 어느 길로 끌어올지, 그 길에 가 벽이 막고 있지는 않은지, 천장에 설치할 펜던트 위치는 어디인 지 등 합판이나 석고로 마감 짓기 전에 전기구의 위치까지 선을 끌어다놓은 상태에서 판을 마감 짓고, 필요한 경우에는 덮은 다 음 바로 구멍을 뚫어 선을 노출해줘야 하기 때문이다. 그래서 목 공사 시기의 현장에는 전기 도면과 목공용 도면 두 종류가 모두 필요하다. 특히 텔레비전의 위치에 관련해서는 그 중요도가 올라 간다. 바로 벽걸이 텔레비전 때문이다.

벽걸이 텔레비전이 가장 아름다울 때는 벽에 걸린 텔레비전 주변 으로 어떤 전기선도 보이지 않을 때라고 생각한다. 그러기 위해 서는 텔레비전을 걸 벽의 견고함을 위해 벽 보강이 있어야 하고 그 뒤에 각종 선과 셋톱박스를 숨기기 위한 공간과 그 선에 꽂힐 각종 콘센트가 있어야 한다. 게임 등의 목적을 위해 HDMI 케이 블이 추가되는 경우도 종종 있다. 텔레비전 뒤에 셋톱박스 등의 기기가 들어갈 공간을 만들기 힘들 경우, 셋톱박스 등의 기기를 다른 곳에 설치하고 기기에서 텔레비전까지 연결될 선을 벽에 매 립해 텔레비전 뒤에 꽂는 방법도 있다. 결국 중요한 건 텔레비전 을 어떤 방식으로 활용할지 충분히 고려하고 목공, 전기공과 함 께 논의해야 한다는 점이다.

목공사에서 특히 신경 써야 하는 부분은 이전 마감의 마지막 지점 과 다음 자재의 시작점이 만나는 지점이다. 천장과 벽, 바닥과 벽이 이어지는 부분은 몰딩이 둘러싸고 있다. 바닥의 몰딩을 '걸레받이'라고 부르기도 한다. 예전에는 걸레로 바닥을 닦는 일이 많아, 그 과정에서 걸레가 벽지나 페인트칠에 닿아 벽을 오염시키는 것을 방지하기 위해 벽 하단부에 걸레받이를 둘러 설치했다. 걸레받이는 시공에도 편의를 주었는데, 목공으로 벽을 시공할 때 바닥 면에 딱 붙이거나 똑바로 수평을 맞출 필요 없이 어느 정도 들쑥날쑥해도 걸레받이가 이것을 모두 가려주었기 때문이다. 하지만 요즘에는 로봇 청소기와 뽑아 쓰는 물걸레 등의 보편화로 청소 도중 벽이 오염될 우려도 사라지고, 집 디자인에서도 미니멀을 추구하는 사람들이 늘면서 걸레받이는 점점 사라지는 추세다. 결국 걸레받이가 없어지면서 벽 시공 시 석고보드 등의 판재를 바닥 끝까지 바싹 붙여 시공하여야 하는데, 이때 주의 할 것이 바닥 마감의 높이다.

목공도 결국 사람이 하는 작업인 이상 어느 정도의 시공 오차는 존재하고 그로 인해 바닥에서 조금씩 이격이 생기는데, 그때 그 오차를 허용할지 말지 결정하는 기준이 바닥 마감의 높이가 된다. '바닥 마감재의 두께+마감재를 붙이기 위한 부자재의 두께'가 시공 오차로 생긴 이격 거리보다 크면 바닥 마감 시에 이격을 가릴 수 있기 때문에 허용하고 넘어갈 수 있다.

무엇보다 문의 크기를 측정할 때 바닥 마감의 높이를 신중하게 계산해야 한다. 문은 현장에서 목수가 직접 만들 때도 있고, 기성문을 주문해서 받아 설치할 때도 있다. 둘 다 치수를 mm 단위까지 정확하게 주문해야 제작 가능하다. 문은 "대충 사람 한 명 지나갈 크기면 돼요." 하고 주문 가능한 물건이 아니다. 특히 문의 위아래 길이가 시공 시 가장 문제가 되곤 하는데, 문이 너무 짧으면 방 안과 밖의 소리나 공기가 쉽게 드나들고, 문이 길면 바닥에 긁히거나 문이 닫히지 않을 수도 있다.

만약 바닥 마감 높이를 잘못 계산해서 필요한 문의 크기보다 크게 제작되었다면, 바닥 마감을 붙이는 도중에야 그 사실을 알게 된다. 결국 목수가 다시 와서 문의 크기를 줄여줘야 하는 상황이 된다. 그 말인 즉슨, 목공 비용에 추가가 생긴다는 것이다. 우리 집의 시공에서도 문제가 되었는데 바닥 마감의 두께는 맞췄지만, 바닥의 바탕이 고르지 못한 걸 발견하지 못했고 바닥을 시공하는 도중에야 문 하단이 바닥 마감보다 아래에 있다는 사실을 알게 되었다. 물론 목공이 끝나고 다음 공정인 도장(칠) 공정이 끝날 때까지도 나는 눈치채지 못하고 있었다.

벽과 바닥의 마무리는 마감재를 붙이면서 끝이 난다. 보통 내부 벽의 마감은 도배와 도장 두 종류로 나뉜다. 도배는 부드러운 질 감 표현을 위해, 도장은 아무 질감이 느껴지지 않는 깔끔한 마감을 위해 사용하는데, 아마 도배와 도장의 시공 가격 차이가 얼마 나지 않는다면 대부분 도장을 선택할 것이다. 도장의 깔끔한 마감도 좋지만, 벽체에 심한 손상이나 오염이 생겼을 때, 도배는 해당 폭 전체를 갈아야 하지만 도장은 해당 부위만 살짝 갈아내거나 그냥 덧칠해도 해결 가능하기 때문이다. 그렇다고 해서 선뜻 도장을 추천하지 못하는 이유는 가격 때문이다. 도장은 석고보드 마감 위로 새로 시공하는 기준에서 두 배 정도 가격 차이를 보이는데, 집 면적과 벽이 많을수록 그 차이는 증가한다. 가격 차이가 나는 이유는 바탕 면의 작업 과정 때문이다.

도배는 바탕 면에 초배지를 붙일 때 한 번, 마감 벽지를 붙일 때 한 번 총 두 번 정도의 손이 가는 반면, 도장은 석고보드 간의 틈과 타카 핀 자국들을 지우기 위해 경계선 따라 퍼티칠 한 번(줄빠데), 전체 면의 고르기를 위해 면에도 전체 퍼티칠 한 번(올빠데), 퍼티칠에 따라 생긴 크고 작은 요철들을 지우기 위해 퍼티가 마른 뒤 전체 샌딩 한 번, 칠하기 전에 창호나 다른 부위에 칠이 묻는 것을 방지하기 위해 보양 작업 한 번, 그리고 대망의 칠 작업까지. 도장 공정에 9할은 밑 작업이고, 그 인건비가 비용의 대부분을 차지한다. 도장을 추천하는 경우는 예산에 여유가 있거나 우리 집처럼 작아서 도배나 도장이나 비용에 큰 차이가 없을 때이다.

도장과 도배로 대표되는 벽 마감공사와 마루와 타일로 대표되는 바닥 마감공사 중 어떤 공정이 먼저 들어와도 전체 시공과정에는 큰 문제가 없지만, 두 공정 중 먼저 들어오는 공정에 어느 정도 작은 피해가 생기는 것은 감안해야 한다. 예를 들어 도배가 끝난 후에 마루를 설치한다면 마루를 옮기는 과정에서 벽지가 긁힌다거나 마루를 자르는 과정에서 톱밥이 벽지를 오염시킬 수 있기 때문이다. 반대로 마루를 먼저 시공한 뒤 벽지를 시공한다면 (물론 바닥 보양을 하고 넘어갔겠지만) 도배공이 사용하는 사다리가 끌리면서 보양지를 뚫고 마루에 손상을 입히거나 찢어진 보양지 사이로 벽지에 바르는 풀이 흘러들어 마루에 묻을 수도 있다. 개인적으로는 어찌 됐든 벽 마감을 먼저 하고 바닥 마감을 진행하는 편을 선호하는데, 어떠한 손상으로 보수 작업을 해야 한다면, 바닥 마감재보다 벽 마감재가 보수 작업을 하기에 그나마 편하기 때문이다.

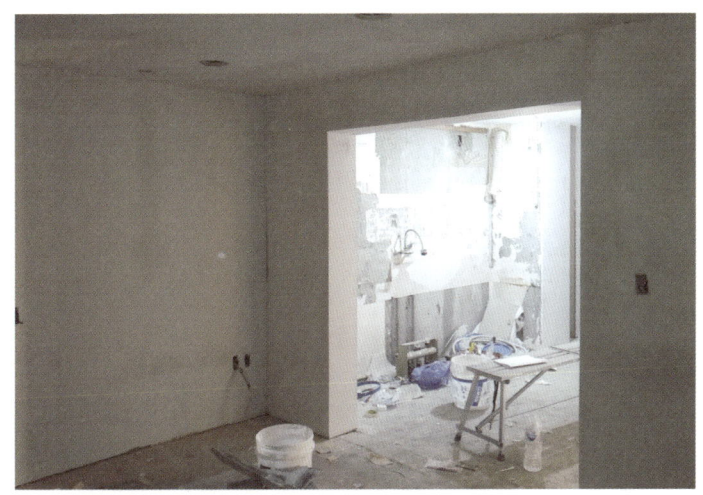

집요정이 제안하는
집의 색감은 이렇게 정해요

집의 모든 벽과 바닥, 천장은 한 가지 색으로만 칠하지 않는다. 그렇다고 좋아하는 색을 모두 골라서 각기 다른 색으로 칠하지도 않는다. 그래서 집의 색감을 정리하는 시간이 필요하다. 공간의 분위기, 톤, 포인트 컬러, 자재의 순으로 정리를 한다.

분위기는 보통 그 공간을 사용하는 구성원의 취향과 머무르는 시간대, 목적을 기준으로 구상한다. 예를 들면 거실은 밝고 따뜻하게, 아이 방은 산뜻하게, 안방은 은은하게 등 감정적인 느낌으로 정리한다. 각 방의 분위기가 정해지면 각각 혹은 전체의 색감을 동시에 고민한다. 서재는 어두운 톤이 잘 어울릴 것 같은데 나머지 공간이 밝은 톤이라면 서재와 나머지 공간의 가구나 장식적인 톤은 분리하되 벽의 컬러는 동일하게 유지해 통일성을 갖춘다던가, 아이 방의 한쪽 벽에 아이가 좋아하는 연두색을 칠하되 벽뿐만 아니라 연두색 포인트 컬러로 사용된 가구를 배치하여 아이 방에 뚜렷한 콘셉트를 심어주는 등 전체 틀 안에서 개별적인 포인트를 해치지 않는 범위 내에서 정리해 나간다.

집의 색감을 정할 때 은근히 애매한 부분이 마루다. 마루, 나무의 색감이란 게 생각보다 폭이 넓어서 마루와 식탁을 따로 놓고 봤을 땐 정말 예쁜 색인데 같이 놓고 보면 서로 색이 너무 달라서 어색할 때도 있다.

혹은 아까 아이 방처럼 벽에 포인트 컬러를 주고 보니 한 공간에 흰색, 목재, 포인트 컬러 세 가지가 뒤섞여 혼란스러운 공간이 될 때도 있다. 이런 문제를 줄이기 위해서 가구를 살 때 같은 톤의 가구로 통일성을 만들거나, 포인트 벽을 마루와 같은 톤의 목재로 디자인하는 것도 방법이다.

집요정이 말하는

도배벽지 vs 도장페인트

석고보드 위에 똑같이 마감한다면 도장이 두배 정도 비싸다. 도장은 페인트를 칠하기 전 벽을 매끈하게 만들어 페인트가 잘 칠해지도록 추가로 벽의 밑 작업을 충분히 해야 한다. 홈이 파여 있으면 핸디코트로 메꾸고 다시 갈아내서 평평하게 만들고, 프라이머를 발라 페인트가 지워지지 않도록 꼼꼼한 밑 작업이 필요하다. 때문에 벽에 바로 도배 풀을 붙이고 도배지를 붙이는 도배보다 도장 비용이 더 많이 들어간다. 물론 벽의 밑 작업이나 실내 보양 작업이 필요하지 않다면 도장이 더 저렴하니 작업 전 벽의 상태를 점검해보는 것이 필수다.

친환경

....

도배 ★★★   vs   도장 ★★★

....

도배와 도장뿐 아니라 실내 공사에 사용되는 대부분 자재에 대해서는 친환경에 관한 부분은 걱정할 필요가 없다. 예전과 달리 건강에 대한 관심도가 높아지기도 했고, 기업의 마케팅 측면에서 봤을 때도 건강에 안 좋은 성분을 사용하면 득이 될 수 없기 때문에, 친환경 제품을 개발하려고 노력하고 있다.

126

도배 ★☆☆   vs   도장 ★★★

오염은 도배나 도장이나 어떤 자재와 시공 방법을 택하느냐에 따라 오염에 대한 저항력이 달라지기 때문에 비교가 쉽지 않지만, 그 후 처리에 대해선 비교가 가능하다. 도배는 단순 오염이나 파손에도 한 폭 전체를 갈아야 하지만, 도장은 해당 부분만 다시 칠하면 되니 AS 측면에서 보면 도장이 훨씬 간편하다. 다만 칠했던 페인트의 제조사, 해당 제품의 이름은 반드시 기억해야 추가 작업을 했을 때 덧칠한 흔적이 나지 않는다.

분위기

도배 ★☆☆　　vs　　도장 ★★★

아마 아내가 가장 공감할 이야기지만, 도배보다는 도장이 '있어 보이는' 분위기를 만드는 데 압도적인 효과를 뿜어낸다. 도장은 걸레받이와 천장 몰딩이 필요 없어 집이 더 깔끔하고 넓어 보이는 것도 한몫하지만, 튀지 않으면서도 자연광과 인공조명 등 빛의 종류를 가리지 않고 조용히 은은하게 퍼지는 느낌은 도배에서는 느낄 수 없는 부분이다. 집들이를 하거나 친구들을 초대해도, SNS에 집 사진을 올려도 다른 집과 다른 무언가를 보여주고 싶다면 도장을 추천한다.

바닥
··
타일

아내

어릴 적 명절이 되면 연휴 마지막 날쯤 종종 아빠의 외삼촌께 인사를 드리러 갔다. 어떤 호칭으로 불러야 할지도 막막한, 나에겐 그저 먼 관계의 '그냥 할아버지' 댁은 가물가물하지만 운동장같이 넓은 곳이었던 것은 확실히 기억난다. 미끌미끌한 흰색의 차가운 바닥을 한참 걸어가면 화장실과 방이 나오는 그런 집이었다. 나와 큰 관련이 없는 할아버지 댁이라 그랬을 수도 있지만 그 집이 유독 어렵게 느껴졌던 건 어린 나에게 어색하게 다가왔던 대리석 바닥 타일도 한몫했다고 생각한다. 아마 내가 기억하는 타일이 깔린 가정집은 그곳이 처음이었던 것 같다.

아주 어렸을 때는 마루 모양을 흉내 낸 장판이 깔린 집에서 살았고 결혼 전까지 십이 년을 살았던 집엔 정확히 어떤 종류인지는 모르지만 장판이 아닌 '마루'라고 불리는 바닥이 깔려 있었다. 우리 집뿐만 아니라 친구 집이든 명절에 종종 방문하는 친척 집이든 대부분 우리 집과 비슷한 색과 질감을 가진 마루를 갖고 있었다. 살았던 집의 인테리어가 조금씩 바뀌는 와중에도 바닥 색은 언제나 익숙한 나무 질감이었다. 그래서인지 신혼집 바닥은 공사의 시작점엔 고려조차 하지 않았다. 애초에 여러 후보를 두고 비교할 필요가 없는 대상이라고 생각해 고민의 대상에 올려지지도 않았다고 해야 정확하려나.

집의 인테리어를 위해 가구나 전체적인 구조, 색감을 참고하고자 자료를 모으기 시작했는데 어느새 바닥이 그 무엇보다 가장 고민되는 요소가 되어버렸다. 당연했던 마루라는 한 개의 선택지에 타일 시공이 추가되었다. 익숙지는 않지만 깔끔하고 넓어 보이는 타일에 자꾸 눈이 갔다. 혹시나 오래된 집이나 작은 평수에선 시공이 어려울까 싶어 남편에게 가능 여부를 확인하며 의견을 은근슬쩍 물어보니 남편도 마루가 아닌 타일을 도전해 보는 것에 긍정적이었다. 남편도 일하며 시공을 진행해 보기만 했지 타일 바닥으로 된 생활공간에서 살아본 적이 없는 건 나와 같은지라 내심 궁금해 하는 눈치이기도 했다.

타일은 왠지 범접하기 어려운 이미지로 공공장소나 상가에서 주로 사용할 것 같은 느낌이었다. 하지만 찾아보니 집에서도 다양하게 활용한 타일 인테리어가 많았다. 몇 개만 붙여도 금세 바닥을 가득 채울 것 같은 큰 사이즈의 타일, 직사각형 형태의 타일, 마루와 비슷한 느낌의 베이지색 타일, 공간의 분위기를 무겁게 눌러주는 어두운색 타일 등 가정집에서도 이렇게 다양한 타일을 적용할 수 있음에 놀라웠다. 사실 평상시에 우리가 무언가를 사거나 보거나 먹는 많은 공간에서 이미 타일 바닥을 경험하고 있지만, 보통 바닥은 유심히 보질 않으니 타일을 집에 적용하려는 생각은 하지 못하고 있었다.

마루가 아닌 타일을 선택하기에 앞서 여러 고민이 생겼다. 지금 생각해 보면 그 모든 것들은 바닥이 타일로 된 공간에서 살아보지 않았기에 잘 몰랐던 고민이다. 부모님에게 인테리어 공사 얘기를 하며 타일 바닥도 고려하고 있다고 말씀드렸을 때 가장 처음 나온 이야기가 '위험하지 않느냐'는 것이었다. 여태껏 살아온 집엔 기껏해야 현관, 화장실, 베란다, 싱크대 정도에만 타일이 있었고 각 위치와 기능에 맞는 질감이나 색으로 선택되었기에 아마도 부모님은 그런 타일을 생각하며 우려하셨던 것 같다. 예전엔 화장실 타일도 맨들맨들한 소재가 많아 물기가 채 마르지 않은 화장실의 슬리퍼를 신으려다 종종 엉덩방아를 찧곤 했으니 거실에 타일이 깔려 있으면 넘어지기 쉽지 않겠느냐는 거였다. 마루보다 내구성이 강한 만큼 딱딱할 거라는 인식 때문인지 그만큼 생활하면서 일어나는 사고에도 취약할 수 있을 거라 당연하게 생각했다. 나도 부모님도 타일 바닥의 집에서 살지 않았으니 장점보단 표면적으로 보이는 단점이 계속 마음에 걸릴 수밖에 없었다.

직접 경험해 보지 않고 들은 내용만 있으니 마치 웨딩드레스를 고를 때와 같은 끝이 보이지 않는 고민에 휩싸였다. 남편이 대략적으로 짚어준 마루와 타일의 장단점은 이러했다.

첫째로 마루의 장점은 흠집이 나도 크게 눈에 띄지 않는다는 것이다. 반면에 타일은 쉽게 깨지진 않지만 혹여라도 깨짐이 생기면 눈에 잘 띈다는 게 단점이었다. 하지만 마루는 물이나 어떤 액체류를 쏟았을 때 그 부분이 나중에 변색되거나 들뜰 수 있다는 게 문제였다. 부모님 집도 근 이십 년간 리모델링 없이 마루를 사용 중인데 긴 시간 여러 계절을 겪으며 수축과 팽창을 반복해서

인지 경계 부분에서 들뜸 현상이 보인다. 타일은 그에 비해 내구성이 강하기 때문에 액체로 인한 문제가 발생할 염려는 없는 편이라고 한다.

또한 마루는 더러움이나 먼지가 눈에 잘 안 띄는 편인데 타일은 가진 색감과 질감에 따라 다를 수는 있지만 전날 저녁에 청소해도 바로 다음 날 여기저기 떨어진 머리카락과 먼지가 자꾸 눈에 들어와 청소를 자주 할 수밖에 없게 만드는 단점(사실 장점이라고 해야 하지만)이 있다.

잠시 타일 생활을 하는 현재로 넘어와 한마디하자면 위에 언급되지 않은 내용 중에 우리가 직접 살며 느끼게 된 타일 바닥의 가장 큰 장점이 있다. 말할 것도 없이 첫째는 예쁨이요, 둘째는 타일이 계절에 맞게 갖고 있던 잠재력을 발휘해 준다는 것이다. 겨울엔 타일이 온기를 오래 붙잡고 있어서 한 번 난방을 틀었다가 꺼도 이틀 정도는 훈훈한 기운이 머물러 있다는 점이고, 여름엔 바닥에 누우면 찜질방의 얼음 방에 들어온 것 같은 시원함을 준다.

공사가 막 시작됐을 무렵, 타일뿐만 아니라 인테리어에 관련된 모든 자재들이 모여 있다는 학동역 근처 건축 자재 거리를 찾았다. 먼저 유명하다는 타일 가게 몇 군데를 돌았다. 그중 가장 유명하고 비싼 자재가 많다는 한 업체에는 이렇게나 인테리어를 하려는 사람이 많나 놀랄 정도로 사람이 붐볐다. 여러 개의 층으로 이루어진 건물 안에는 타일로 가득 차 있었는데 종류가 다양하고 매장도 넓어서 남편이 지정해 준 구역만 보는 데도 꽤 시간이 걸렸다. 그 매장에서 파는 타일은 대부분 유럽산 타일이었다. 타일은 보통 돌이 많은 나라에서 생산되는데 유럽산 타일은 그 종류가 다양할 뿐더러 색감과 질감에서 고급스러움을 가진 것이 강점이라고 했다.

아쉽게도 유럽산 타일은 예쁘고 품질이 좋지만 그만큼 비싸다. 게다가 타일은 시공비 또한 비싸니 보통은 많은 돈을 투자해 넓은 집을 인테리어 할 때 유럽산을 사용하는 편이라고 했다. 하지만 다행히도 우리 집에 적용할 대체재는 있었다. 그것은 바로 중국산 타일. 사실 남편이 중국산 얘기를 꺼내는 순간 물음표가 그려졌다. 요즘은 중국산이 예전 같지 않게 가성비 좋은 제품들이 많지만 그래도 여전히 '메이드 인 차이나'에 대한 조금의 불신이 있으니까 말이다. 하지만 타일에 있어 흔히 생각하는 중국산을 생각하면 안 된단다. 돌이 많기로 유명한 중국에서 나는 타일은 그 품질과 종류가 유럽산을 충분히 대체할 만큼 괜찮아서 타일을 사용하고 싶지만 유럽산의 높은 가격대에 선뜻 손이 가지 않는 사람들이 시도하기 좋은 타일이라고 한다. 내구성까지는 비교 검증이 어려웠지만 실제로 유럽산과 중국산 중 비슷한 색감과 질감의 타일을 찾아 비교해 보니 나처럼 전문가가 아닌 사람들 눈에는 구분해 내기 어려울 정도로 중국산 또한 어디 하나 빠지는 것 없어 보였다.

다음에 가게 될 집의 인테리어 때는 유럽산 타일을 써볼 수 있길

소망하며 우리의 첫 보금자리인 신혼집은 가성비 좋은 중국산 타일을 사용하기로 했다. 흔히 말하는 대륙의 스케일은 타일의 세계에도 적용되는 건지 미묘한 차이는 구분하기 어려울 정도로 모양과 질감이 조금씩 다른 수많은 타일이 있었다. 바닥 타일은 일반적으로 많이 쓰는 그렇게 크지도 작지도 않은 사이즈의 정사각형 형태를 골랐다. 너무 큰 타일은 아담한 우리 집 평수엔 과할 수 있었고 직사각형 형태의 타일은 금세 질릴 것 같은 느낌이었기 때문이다.

타일의 모양보다는 색감에서 고민을 길게 했다. 보통 뭔가를 구매할 때 웬만하면 오랜 시간 고민을 하지 않는 타입인 남편은 가게를 한 번 후루룩 훑곤 늘 쓰던 생필품을 사듯 거실과 방바닥, 화장실 바닥, 싱크대와 화장실의 모자이크 타일을 뚝딱 골라냈다. 남편이 고른 바닥 타일은 은은한 베이지 톤으로 질감이 꽤 거친 종류였다. 가구나 싱크대 상판은 다 원목으로 할 예정이었기 때문에 남편의 선택도 안정적이라고 생각되었다. 하지만 나는 자료를 찾을 때부터 '이거다!' 했던 쿨한 색감의 연한 회색 타일에 자꾸 눈이 갔다.

나는 주문서를 작성하기 직전까지 간 남편에게 잠깐만 생각할 시간을 달라고 한 뒤 남편이 고른 베이지 빛의 타일과 내가 고른 연한 회색 타일을 두고 선택의 기로에 놓였다. 머릿속으로 아직 완성되지 않은 집에 이 타일을 깔았다 저 타일을 깔았다 해보았다. 이왕 마루가 아닌 타일로 결정했으니 마루의 온화한 색감을 갖지 않은 게 좋을 것 같았다. 베이지색 타일을 선택하면 원목 가구가 들어 왔을 때 집 전체가 자칫 너무 따뜻한 느낌만 날 수 있을 거 같아 바닥의 색감은 차가운 색과 따뜻한 색 모두를 품을 수 있는 연한 회색 쪽에 마음이 기울었다. 대신 화장실 바닥 타일은 조금 다르게 가져가기로 했다. 기존에 남편이 골랐던 것과 비슷한 색 감의 회색과 베이지의 중간 즈음 되어 보이는 타일로 선택하여 성 격이 다른 공간을 분리해 주기로 했다. 화장실과 싱크대 벽은 동 일하게 무광 흰색의 모자이크 타일로 결정했다.

우리가 선택한 심플한 모자이크 타일 외에도 처음 보는 형태와 색 감의 타일이 너무 많아 마치 전시회에서 작품을 보듯 신기하게 구 경했다. 하지만 처음부터 화려한 타일은 우리 집 인테리어 시나 리오에 없었으니 구경하는 것으로 족했다. 취향이 바뀔지 모르는 일이긴 하지만 앞으로 두 번째, 세 번째 우리 집을 꾸미게 된다 해 도 우리의 선호는 역시나 '기본'이지 않을까 싶다. 뭐든 오래 보아 도 질리지 않는 것이 최고이기에.

오래 고민한다고 해결될 문제는 아니었지만 결정장애라곤 찾아 볼 수 없는 남편에게 이끌려 너무 빠른 결정을 내린 게 아닌가 하 는 생각이 들어 타일 가게를 나서면서도 괜히 발걸음이 떨어지지 않았다. 그저 조만간 집에 도착할 타일을 봤을 때 마루가 아닌 타 일을 선택하길 잘했다고 느낄 수 있게 되길 바랐다.

남편

타일을 보러 간 그날, 아내는 타일을 골랐고 나는 주문서를 작성했다. 내가 타일을 직접 고르지 않고 아내의 의견에 전적으로 따른 건 귀찮아서 그런 게 아니었다. 나보다 더 많은 색감을 다루는 디자이너인 아내를 믿고 일임한 거지, 귀찮아서 떠넘긴 건 절대 아니었다.

마감재로서의 타일은 시공에 있어서 많은 고민과 챙길 거리를 만들어낸다. 만약 바닥재로 마루를 붙인다면, 붙임 본드, 코너 마감과 걸레받이 등의 부자재 구매와 자재의 양중 그리고 시공 후의 보양까지 마루 판매 업체에서 알아서 처리해 줄 터였다. 하지만 타일 공정은 자재 발주와 양중, 시공과 보양 그리고 추후 관리까지 하나의 업체가 관리해 줄 수 있는 분야가 아니다. 하나하나 직접 관리 감독해야 하고 무엇 하나 삐긋하면 공정 자체가 흔들거리는 위험과 예민함이 도사리고 있다. 그래도 어렵다 하더라도 우리는, 우리의 취향을 반영한 공간을 만들고 싶었다. 타일과 마루의 장단점을 따져보는 것 같은 이성적 판단에 앞서 머릿속으로 상상해왔던 우리만의 공간을 갖고 싶었다.

타일을 고를 때는, 거실 바닥에는 회색의 널찍한 600각 타일정사각형의 타일의 크기, 600각 타일은 한 변의 크기가 600mm인 정사각형의 타일을, 화장실 바닥에는 그와 비슷한 색상의 300각 타일을, 화장실 벽과 싱크대 벽에는 오래 봐도 질리지 않은 백색 100각 모자이크 타일을 골 랐다. 모자이크 타일은 작은 크기의 타일들이 하나의 망에 붙어 있는 타일을 말하는데, 300각보다 작은 타일들이 이에 해당한다. 고르고 보니 다양한 종류의 타일을 선택했고, 그에 맞게 부자재 또한 다양하게 주문해야 했다. 시공 부자재는 공간과 용도에 맞 게 조금씩 다르게 준비한다. 거실에는 바닥 난방에 필요한 난방 용 드라이픽스가, 화장실 바닥에는 바닥과 경사를 새로 만들기 위 해 시멘트와 모래가, 화장실 벽에는 모자이크 타일을 붙이기 위해 바탕을 잡아줄 막타일과 세라픽스가 필요하다.

타일과 부자재를 고를 때는 기능적인 부분, 즉 거실 바닥에 써도 되는 타일인지, 부자재는 뭘 써야 하는지 등 타일을 판매하는 곳 에서 판매하시는 분에게 물어보고 주문하는 게 제일 편하다.

그런데도 우리가 직접 선택해야 하는 일들이 있는데, 우선 가장 중요한 타일의 디자인을 고르는 그 일 자체는 당연하게 우리가 해 야 할 일이다. 사실, 타일의 모양이나 색상 패턴 등은 인터넷 자 료나 SNS를 열심히 찾아보면서 자신의 마음에 드는 것을 찾으면 되고 기술이 발달한 만큼 웬만하면 어떤 타일을 가져와도 타일공 들이 잘 붙여주는 편이다. 그렇다 하더라도 주의할 것이 있다. 우 선 타일의 크기이다. 타일의 크기는 디자인적으로도 큰 의미가 있긴 하지만, 기능적인 부분과도 연관이 있다. 화장실 바닥 같은 경우, 물이 모여 빠져나가기 위해서는 배수구가 있는 쪽으로 비 탈을 잡아주어야 하는데, 배수구가 설계상의 이유로 기다란 모양이 되어 한쪽으로 치우치는 경우같이 특수한 상황이 아니라면 보통은 한가운데에 위치하게 된다. 그러면 타일을 붙일 때 배수구를 향해 모든 타일이 기울기를 가져야 하는데, 작은 크기의 타일은 비탈을 만들기 쉬운 반면, 큰 타일의 경우에는 그 조정이 쉽지 않고, 기울기를 잡기 위해서는 타일을 많이 조각내야 하는데, 그렇게 하다 보면 결국 만족스러운 결과물이 나오기는 힘들다. 거실 바닥의 경우는 그와 반대로 평평함을 유지해야 하다보니 큰 타일을 쓰는 게 유리한 측면이 있다. 작은 타일로 거실 바닥을 채우다 보면 타일 간에 미세한 기울기 차이가 생겨서 턱이 지는 경우가 발생하기 때문이다.

화장실 벽에 셀프 인테리어를 하는 경우는 도기질 타일을 추천한다. 도기질이 단단해서가 아니라 오히려 자기질보다 단단하지 않아서 추천하는데, 그래야 수건걸이나 휴지걸이 같은 액세서리들을 달 때 구멍을 뚫을 수 있기 때문이다. 일반 드릴로는 자기질 타일에 구멍을 뚫기 정말 힘들다. 자기질 전용 타공기계로 뚫을 수 있지만 시중에서 구하기 힘든 기계다.

타일을 고를 때 직접 골라야 하는 것 중 또 다른 것은 몰딩과 메지줄눈가 있다. 몰딩은 타일과 타일 혹은 타일과 다른 자재가 만나는 아웃코너돌출된 모서리를 아웃코너, 들어간 모서리를 인코너라 부른다의 마감을 담당하는 자재이다. 타일에 쓰이는 몰딩의 종류는 크게 세 가지로 스테인리스, 플라스틱, 안 하는 것 정도로 정리할 수 있다. 어두운색 타일에는 스테인리스를, 밝은색의 타일에는 플라스틱 몰딩이 자주 쓰인다. 타일끼리 만나는 코너의 경우에 몰딩 없이 타일끼리 그냥 붙이는 경우가 있는데, 우리 집이 그 경우였다. 몰딩 없이 타일끼리 모서리를 잡을 때도 두 가지 방법이 있다. 그냥 한쪽 면을 위로 올려 모서리를 잡거나, 아니면 양쪽의 타일의 끝을 45도로 잘라서 붙이는 방법이 있다. 후자의 경우가 더 깔끔하고 예쁘긴 하지만 타일을 잘라야 하는 별도의 가공이 필요한 만큼 추가 금액이 발생한다.

17평도 안 되는 집에 네 종류의 타일과 세 종류의 붙임 자재와 두 종류의 코너 몰딩이 필요했다. 물량으로는 한 트럭도 안되는 자재들이었지만 작은 집에 생각보다 많은 자재가 필요했다. 더군다나 비용을 아끼기 위해 타일을 양중할 때 같이 해버리고자 공정에 필요할 도기와 수전까지 받아서 쌓아놓으니 공사로 번잡한 집이 온갖 잡동사니를 모아 놓은 창고 같았다. 그 정신없는 모습에 나도 넋이 나갔는지 양중 작업자들의 간식을 챙기러 뛰어다니다가 다치기도 했다. 아파트 바로 앞에서 발을 헛디뎌 넘어지는 바람에 손바닥은 까지고 청바지는 마치 멋 부린 대학교 새내기처럼 찢어져 버려 아내에게 걱정 섞인 한 소리도 들었다.

넓은 현장이라면 각각의 타일과 부자재를 필요한 위치에 맞게 펴트려 놓았겠지만, 우리 집처럼 좁은 곳엔 현관과 가장 가까운 곳에 놓을 수밖에 없다. 가장 마지막에 타일을 붙이는 곳은 현관이될 테니 말이다. 서로 먼저 들어가려고 앞다투어 서 있는 듯 현관을 가득 채운 자재들을 보면서 별탈 없이 잘 붙일 수 있을까 하는 불안감이 기어올라왔지만 걱정은 꾹 누른 채 다음 날 시작할 타일 작업의 채비를 마쳤다.

공사를 시작하던 이튿날, 가능하면 반차라도 내고 현장을 지키려 했지만 연말이라 회사에서 하는 공사 또한 바빠서 출근해야만 했다. 다행히도 타일 사장님과 아침 일곱 시 즈음에 약속해 현장에 들렀다 출근하기로 했다. 새벽에 급하게 미팅을 한 다음 다시 서울로 출근해야 하는 빡빡한 일정을 짤 수밖에 없었다. 신혼집 공사를 한다고 해서 다른 누가 그 바쁜 사정을 알아주는 것도 아니었기에 새벽 공기를 마셔가며 움직일 수밖에 없었다. 타일 사장님을 만나서 인사만 간략하게 나누고 얼른 작업 내용부터 전달했다. 어디에 무슨 타일을 붙여야 하는지, 어디서부터 줄눈을 시작하면 되는지, 모서리의 마감을 어떻게 해야 할지, 이런저런 사항들을 급한 마음에 와다다 쏟아내고 사장님만 믿는다는 말만을 남기고 회사를 향해 달려갔다.

하지만 내가 미처 신경 쓰지 못한, 아니 애써 무시하려 했던 곳에서 일이 발생하였다. 거실 바닥에는 전 세입자가 시공해 놓은 장판이 있었는데, 그 밑의 바닥에는 1980년대에나 볼 수 있었던 닥종이 장판이 붙어 있었다. 철거 사장님이 분명히 그 종이를 다 긁어내야 타일이 붙을 수 있을 거라고, 타일 붙이기 전엔 꼭 긁어내야 한다고 일러두었지만 바쁘다는 핑계로 잊고 있었던 나에게 타일 사장님이 어떻게 해야 하냐며 전화를 걸어왔다. 어쩔 수 없이 염치 불구하고 타일 사장님께 긁어 달라고 해야만 했는데, 일반 작업자도 할 수 있는 일을 그 비싼 타일공에게 시켜서 하루의 시간과 몇십만 원의 돈을 허비하게 하는 결정이었다. 하지만 그 상황에서 타일 공정을 멈추게 하고 잡부를 불러 바닥을 긁어내는 과정을 다시 시작하면 이삼일 정도를 더 손해 보게 되므로 어쩔 수 없이 그렇게라도 진행해야만 했다.

그렇게 아내가 모르는 사정을 숨겨둔 채 여차저차 타일을 붙이고 하얀색 줄눈까지 채워 넣고 나서야 한숨 돌릴 수 있었다. 이제 '공사'라고 부를 수 있는 부분은 모두 끝났기 때문이다. 다음에 들어올 붙박이장부터는 '설치'에 가까운 작업이라 긴장은 조금은 풀어도 된다. 물론 그전에 타일을 다 붙이고서야 눈치챈, 이전 챕터에서 언급한 문의 크기 조정 해결이 필요하다. 도와주세요. 목공 사장님!

집요정이 말하는

몰딩을 꼭 해야 할까

몰딩은 재료와 재료가 만나는 곳에 다른 재질이나 색깔로 넘어가면서 위화감이 들지 않도록 시각적 효과를 주는 공간이다. 일종의 버퍼존을 갖는 것이 몰딩의 주목적이지만 두 재료가 어울리지 않고 마감을 깨끗하게 하지 못해 일부러 가린 느낌을 주기도 한다.

물론 기능적인 부분에 있어서 몰딩을 사용하는 경우도 있지만, 몰딩을 최대한 없애고 재료의 물성끼리 깔끔하게 마무리하는 시공이 디테일을 높인다.

우리 집 공사 때도 마찬가지였는데, 현관의 낮은 바닥으로 인해 생기는 턱은 몰딩 없이 타일을 그대로 꺾어 붙였고, 벽과 바닥의 타일이 만나는 곳은 타일 사장님께 미리 걸레받이를 붙이지 않을 예정이니 벽에 타일이 딱 붙어야 한다고 시공 전부터 미리 일러두어 타일 작업자를 피곤하게 만들기도 했다.

걸레받이는 벽 아래와 바닥의 마무리를 위해 부착한 몰딩인데, 물걸레질을 많이 하던 시절 걸레질로 인해 벽이 지저분해지는 것을 방지하기 위해 장판을 벽 위로 5cm 정도 올려 시공하거나, 걸레받이를 붙이기도 했다. 하지만 요즘엔 선택 사항으로 자리 잡고 있는데 걸레받이를 붙인다면 걸레받이 두께만큼 타일과 벽 사이의 이격을 가릴 수 있지만, 반대로 걸레받이가 없다면 조금의 오차도 허용하지 않고 바닥과 벽을 이어주는 마감을 깔끔하게 해야 한다. 모르긴 몰라도 타일 작업자가 시공하면서 몇 mm 차이로 버린 타일이 적진 않았을 것이다. 보통 타일을 주문할 때는 면적의 1.1배를 주문하지만, 우리 집은 걸레 받이가 없어서 1.2배의 타일 양을 주문했는데도 결국 거실 타일은 한 장밖에 남지 않았다. 300각 이하의 타일일 경우 이 요율이 잘 맞지만, 큰 타일을 주문할 경우는 도면에 직접 그려보고 몇 장이 필요할지 세어 보는 것이 안전하다.

◀ 철거 전 걸레받이

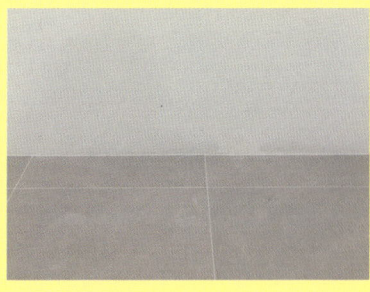

걸레받이 없이 시공한 모습 ▶

집요정이 말하는

마루 vs 타일

마루 생활이 익숙한 탓에 낯선 타일 생활을 궁금해 하는 경우가 많다. 바닥에 타일 시공을 하는 집이 아직은 많지 않아서, 본문에서 이야기했던 시공의 용이합과 비용 측면은 제외하고 시공이 끝나고 실제로 거주하면서 겪은 생활을 비교해 본다. 사실 결론부터 말하자면 하고 싶은 걸 하는 게 정답이다!

생활

··

마루 ★★★   vs   타일 ★★★

··

난방에서는 호불호가 반반 정도 갈린다. 겨울에 바로 난방이 올라오는 걸 원한다면 마루를 추천한다. 반대로 데워지는 데는 오래 걸리지만 난방의 잔열을 길게 느끼고 싶거나, 여름에도 시원한 바닥을 느끼고 싶다면 타일을 추천한다. 오염 및 파손에서도 뚜렷한 장단점이 있다. 마루는 작은 긁힘이나 충격에 약해 쉬이 파이거나 오염되는 반면, 커다란 충격을 받아도 작은 충격과 마찬가지로 패이고 마는 정도에 그친다. 타일은 작은 긁힘이나 충격에 강하지만 큰 충격에는 타일이 깨져버리고 마는 심각한 상황이 발생하기도 한다.

이외에도 마루는 물이나 음료를 흘렸을 때 틈새를 따라 변색이 되거나 들뜸 현상이 발생하고, 타일은 그릇이나 유리를 떨어트렸을 때 깨진 조각들이 사방팔방으로 퍼지고 만다.

AS

···

마루 ★★★　　vs　　타일 ★☆☆

···

마루는 작은 흠집이나 오염이 있으면 보수용 보수제나 비슷한 색의 크레파스로 쉽게 보수가 가능하다. 하지만 타일은 교체가 아니라면 뚜렷한 해결 방법이 없다. 만약 마루도 심각한 피해를 입어 교체를 하더라도 타일보다 마루 교체가 쉬운 편이다.

홈 스타일링

마루 ★★☆   vs   타일 ★★★

집의 가구 중 절반 이상은 목재 혹은 나무 무늬로 마감이 되어 있다. 마루는 대부분 나무의 모양으로 되어 있어 마루의 나무색과 가구의 나무 색감이 다르면 공간 자체가 어색하게 느껴질 수도 있다. 물론 원색 계열의 가구로 포인트를 주면 마루의 컬러에 크게 영향을 받지 않는다. 톤이 다른 마루와 가구를 두는 것보다는 무채색 계열의 타일을 선택하고 나무 무늬의 가구 조합이 쉬운 해결 방법이 되거나 더 세련된 느낌을 주기도 한다.

수납 ‥ 붙박이장·싱크대·분리수거장

공사는 중반까지 대체로 수월하게 진행되었다. 공사가 완료된 부분들은 자재를 고를 때 상상했던 완성된 모습과 아주 비슷하거나 더 예뻤다. 모든 게 계획대로 되어가고 있다고 생각했다. 다만, 싱크대를 설치하기 전까진 말이다.

공사를 시작하기 전 미래의 신혼집을 그려보며 꼭 해보고 싶은 인테리어 중 하나가 나무 상판으로 된 싱크대가 있는 부엌이었다. 일반적으로 많이 하는 인조 대리석 상판은 웬만하면 피하고 싶었다. 부득이하게 인조 대리석을 택해야 한다면 하부장이나 상부장만큼은 특별한 무언가를 선택하고 싶었다. 어떤 집에 들어섰을 때, 집 주인의 안목을 집약적으로 보여줄 수 있는 부분 중 하나가 집의 중심 즈음 꽤 넓은 공간을 차지하고 있는 부엌이라고 생각했기 때문이다.

우연히 나무 상판을 올린 싱크대의 사진을 접한 후부터 평범한 싱크대는 눈에 들어오지 않았다. 흰색 인조 대리석에 나무로 된 하부장 조합도 마음에 들어 두 조합 사이에서 오랜 시간 치열하게 고민한 끝에 회색 바닥 타일과 더 자연스럽게 어울릴 것 같은 조합인 나무 상판에 흰색 하부장 싱크대로 결정하게 되었다.

사실 예뻐서 선택한 나무 상판이지만 가장 걱정되었던 부분은 열이나 습기에 따른 변형이었다. 관리의 어려움을 감수하고서라도 사용해 보고 싶었는데 의외로 신줏단지 모시듯 쓸 필요는 없다고 해서 다행이었다. 대리석 상판보다 내구성이 좋진 않지만 코팅이 된 상태로 사용하기 때문에 극단적으로 험하게 사용하지 않는 이상 큰 문제는 없을 거라는 거였다. 하지만 사실, 이제 막 살림을 시작하는 나에겐 편리한 싱크대보다는 예쁜 싱크대가 더 중요했다. 나무 싱크대에 대한 걱정과 고민은 주부 9단까지는 아니더라도 3단 정도 될 때쯤 다시 생각해 보기로 했다.

나무 상판에 대한 고민의 시간만큼 상부장을 만들 것인지 말 것인지에 대한 고민도 길었다. 레퍼런스를 찾아봐도 그렇고 요즘은 상부장을 예전만큼 기본으로 생각하진 않는 듯 했다. 아무래도 상부장이 없으면 공간이 시원해 보이는 효과도 있고 왠지 인테리어에 신경 좀 쓴 느낌이 든다. 그런데도 대부분이 결국 상부장을 놓는 이유는 수납 때문일 것이다. 주부 삼십여 년 차인 엄마도 당시 이 고민을 하는 나에게 '너희가 그만큼 짐을 줄이고 살 자신이 있다면' 상부장을 없애도 되겠지만 아마 불어나는 짐을 감당하기 어렵지 않을까 하는 눈치를 보냈다.

상부장을 사용하면 깔끔한 수납을 할 수 있다는 장점은 있겠지만 그만큼 보이지 않는 곳에 처음 넣어두었던 그 상태 그대로 하나둘 쌓아 둘 여지가 다분했다. 대신 상부장을 선반으로 대체한다면 외관상 아름다워 보이기 위해 꼭 필요한 것만 두게 되는 순기능도 있을 거라 생각했다. 지저분해 보이는 게 싫으면 저절로 정리하고 비우게 되겠지 싶어 결국 상부장 대신 선반을 설치하기로 했다. 정리를 잘하지 못하는 나지만 현실과의 타협 없이 이상을 택했으니 내가 변해보기로 마음먹었다.

자료를 찾으며 발견한 여러 가지 나무 상판 싱크대 사진 중 마음에 드는 색감의 싱크대 사진 몇 개를 공사 담당자분께 전달했다. 아무래도 사진만 툭 전달 드리며 "이렇게 해주세요." 하고 요청하는 것이 맞나 싶어 남편을 통해 '너무 어둡지 않은 중간색의' '나무 결이 너무 살아 있지는 않았으면 하지만 너무 옅어도 안 되는' 등의 내 나름대로 최대한 쉽게 풀이한 묘사를 덧붙여 전달해 달라 부탁했다.

특히 싱크대의 완성된 모습은 집의 어느 공간 중에서도 가장 기대되는 부분이었다. 구구절절 설명까지 붙여 요청한 싱크대가 잘 나왔을까 걱정이 되기도 했지만 한번도 나무 상판 싱크대를 실제로 본 적이 없었으니 그 실물의 영롱함이 어떨지 너무 궁금했다. 게다가 도장과 타일 공사 완료 후 집이라고 부를 수 있는 분위기가 만들어졌으니 싱크대와의 합이 잘 맞는지도 빨리 확인하고 싶었다.

얼마나 예쁠까! 기대하며 집에 들어서자마자 남편의 심각한 얼굴을 제일 먼저 마주한 후, 두 번째로 싱크대에 눈길이 닿았다. 내가 마주한 그것은 집에 도착하기 전까지 머릿속으로 반복해서 그렸던 상상 속 싱크대와 매우 달랐다. 분명히 아주 희지도, 진하지도 않은 중간색의 나무 상판을 말씀드렸는데 내 눈앞에 보이는 건 월넛이라고 하기도 민망할 정도의 검붉은색 상판이었다. 게다가 상부 선반은 생각보다 두께가 얇아 마치 상부장 내부의 선반만 만든 후 깜빡하고 문을 달지 않은 것처럼 허술하게 느껴졌다. "상판 색이 왜 이래?" 이미 내 물음을 예상하고 그에 대한 답을 찾기 위해 심각해진 게 분명한 남편은 공사 진행 후 처음으로 생긴 돌발 상황에 당황한 기색이 역력했다.

나보다 먼저 집에 도착해 상판 색을 보고 깜짝 놀란 남편이 급하게 싱크대 사장님께 연락하니 그 사연이 이러했다. 사장님이 갑자기 몸이 좋지 않아 작업 중 병원에 입원하게 되었고 그 바람에 마무리를 직접 못 보고 출고를 시켰는데 잘못 전달된 컬러로 제작된 상판이 출고되었다고 한다. 사장님은 어련히 잘 나갔겠지 생각했고, 색이 잘못 나갔다는 것을 남편의 연락을 받고서야 알게 된 것이다.

싱크대 사장님은 몸이 성하지 않은 상태임에도 최대한 빨리 다시 작업할 수 있도록 하겠다며 거듭 미안함을 표했다. 잘못 나온 싱크대는 상판만 새로 갈아 끼우고, 상부 선반은 현재의 얇은 선반에 새로운 나무판을 덧대서 두껍게 수정하는 방향으로 진행하기로 했다. 교체하면 통째로 다시 싱크대를 들어내야 하나, 하부장까지 다시 짜야 하는 건가 하는 오만 가지 생각이 다 들었지만 다행히도 수정하는 방법이 그리 복잡하진 않은 것 같았다.

퇴원 후 바로 AS 해주겠다는 약속대로 일주일이 채 지나기 전에 사장님의 투혼이 담긴 수정된 싱크대를 만날 수 있었다. 색에 대한 명확한 의사전달이 됐나 싶어 내심 걱정이었는데 마음을 읽은 듯 정확하게 나온 상판을 보고는 감탄보다 안도감이 먼저 들었다. 상부 선반도 새로 달지 않고 나무판을 덧대었지만 다행히 전혀 어색함이 없었다. 다만 넓은 부엌이 아니다 보니 선반이 오른쪽의 가스레인지 후드와 왼쪽의 냉장고 장과 떨어진 시원스러운 그림은 나오지 않아 조금 아쉽긴 했다. 하지만 잘못 출고되었던 싱크대를 본 이후부터 새로운 싱크대를 받기까지 마음 졸인 시간을 보상해 줄 만큼 마음에 드는 결과물이었다. 해가 잘 드는 낮에 다시 와서 작가 정신을 발휘해 사진을 몇 장이나 찍었는지 모르겠다. 지금도 싱크대를 보면 이때의 에피소드가 가끔 떠오르곤 한다. 과정은 쉽지 않았지만 싱크대에 도전을 해본 건 잘한 일이었다.

처음 이 집을 둘러볼 때 발견했던 신기한 공간이 하나 있었다. 현관과 부엌 사이에 가로 폭이 30cm 정도 될 법하고 안쪽으로는 팔이 끝까지 쑥 들어갈 정도의 깊이를 가진 의문스러운 공간이었다. 의도적으로 남겨놓은 공간이라기엔 애매한 크기였다. 어떻게 공간을 활용하면 좋을지 판단이 서질 않아, 원래 없었던 것처럼 벽과 이어지게 메꿔야 하나 고민하던 찰나 남편이 툭 하고 의견을 던졌다.

"분리수거함이랑 쓰레기봉투 넣어두는 곳으로 쓰면 어때?" 부엌과 현관 사이에 있는 공간이니 동선으로도 알맞고 문을 달되 손이 들어갈 수 있게 문 위쪽으로 틈을 만들면 열었다 닫았다 하지 않아도 쓰레기를 휙 하고 던져 넣을 수 있을 거라는 의견이었다. 쓰레기통과 분리수거함은 대충 베란다에 두면 되려나 생각하던 와중에 나온 그럴싸한 아이디어였다.

이 좁은 공간을 알차게 활용하기 위해 세 칸으로 분리했다. 접근성이 좋은 1층 칸엔 쓰레기봉투, 2층 칸엔 플라스틱과 비닐 분리수거 봉투를 두기로 했고 비교적 손이 덜 가는 3층 칸은 현재 여분의 봉투를 넣어두는 용도로 사용 중이다. 더불어 2층 칸 문은 우산 걸이로도 활용할 수 있다. 긴 우산을 걸어놓긴 부담스럽지만 작은 우산을 걸어두고 외출하며 빠르게 집어들기엔 그만한 위치가 또 없다. 지나고 보니 이 공간은 공사한 부분 중 가장 머리를 잘 쓴 틈새 인테리어다. 이 애매한 틈새 공간을 메워버렸더라면 매번 쓰레기를 버리기 위해 베란다를 들락날락하는 수고로움을 겪어야 했을 것이다.

작은 집이지만 좁지 않게 쓰려면 수납에 대한 문제가 해결되어야 했다. 평면도를 보면 방이 두 개라고 표시되어 있지만, 그중 기존에 있던 큰 방의 경우는 부엌과 방 사이를 분리하고 있는 미닫이를 없애고 거실로 쓰는 게 적합해 보였다. 남은 방은 침실로 사용하기로 했는데 이 방은 두 명이 잘 수 있는 침대 하나 정도 수용할 수 있는 작은 공간이었다. 침대는 남편이 직접 제작해 하단부를 수납공간으로 만들 예정이었지만 계절이 지난 이불이나 책, 부피가 작은 잡동사니를 놓을 정도밖에 되지 않았다.

그나마 공간을 가장 넓게 활용할 수 있는 곳은 거실로 사용하게 될 큰 방의 한쪽 벽이었다. 붙박이장을 한쪽 벽 가득 채워 만들면 심미적으로도 눈에 거슬리지 않을 것이고 우리 두 사람의 짐도 거의 다 넣을 수 있다는 게 남편의 생각이었다. 수납공간을 가장 넓게 사용하면서도 있는 듯 없는 듯 눈에 띄지 않게 만드는 방법이었다. 붙박이장을 넣으면 기존보다 거실이 1m가 조금 안 되게 좁아지는 건 감안해야 하지만 붙박이장을 하지 않고 장롱을 두더라도 그만큼의 영역은 없어질 공간이었다. 두 명의 계절별 옷, 소지품 그리고 집에서 사용하는 생활용품 일부를 붙박이장 안에 모두 수납하는 게 우리의 미션이었다. 다 넣을 수 있을지 고민이 되었지만 본가에서부터 최대한 짐을 줄여 가져오기로 했다.

우선 붙박이장 내부를 크게 세로로 삼등분으로 나눴다. 중간의 공간은 반씩 나눠서 사용하고 양쪽의 한 개씩은 각자의 사용성에 맞게 선반과 수납 구성을 맞춰 제작하기로 했다. 남편은 긴 고민 없이 과감하게 중앙에 선반 하나만 놓아 위아래층으로 구분 짓는 시원스러운 구성을 선택했다.

하지만 나는 그간 정리 왕 엄마가 나의 짐 대부분을 정리한 터라 장의 구성을 정하는 일이 익숙지 않았고 어려웠다. 종이에 이리저리 선을 그어가며 나눴다 합쳤다 고민하다 결국 남편의 조언을 참고해 중앙에 선반을 놓고 아래층을 이등분으로 나눈 구성으로 결정했다.

현재 계절별 옷과 더불어 가방 수납까지 대부분 이 공간에서 해결하고 있고 남편과 반씩 나눈 중앙 서랍장 하단엔 내의 계열을 보관, 상단부엔 길이가 긴 원피스나 외투를 걸어두고 사용한다. 수납이 여유롭냐 하면 그것은 아니다. 하지만 주어진 공간에 맞게 수납하려 하다 보니 새로운 옷을 하나 들이면 하나는 버리는 식으로 수납장이 소화할 수 있는 범위까지만 소유하는 삶에 익숙해지고 있다. 덕분에 혹시나 하는 미련으로 친정에서 가져왔던 옷가지들은 대부분 제3세계 어린이들에게 보내졌다.

옷을 갈아입는 공간과 밥을 먹는 공간이 함께 있어서 위생상 백점은 아닌 것이 아쉬운 부분이긴 하다. 하지만 이 공간에 붙박이를 두지 않았더라면 이리저리 물건이 쌓이고 노출되어 우리 집은 그야말로 '좁은 집'이 되었을지 모른다. 구석구석의 더러움까지 발견하는 청소는 어려워하지만 정리만큼은 나보다 훨씬 뛰어난 남편. 그의 재능이 톡톡히 발휘된 부분이 우리 집의 모든 수납공간들이다.

남편

물건이 많으면 많은 대로 정리해 두어야 할 수납공간이 필요하고, 물건이 적으면 적은 대로 안 보이게 숨겨둬야 하는 수납공간이 필요하다. 책은 꽂아둬야 하고, 쓰레기봉투는 안 보이게 숨겨야 하고, 옷에는 먼지가 앉지 않게 넣어두어야 한다. 그리고 그런 역할을 하는 물건들을 묶어서 보통 '가구'라고 부른다. 큰 틀에서 가구는 '붙박이 가구'와 '이동식 가구'로 나뉜다.

붙박이 가구는 공사 중에 시공되기 때문에 공간의 설비, 구조, 마감과 밀접한 관계를 맺고 있다. 반면, 이동식 가구는 입주자가 이사를 오거나 혹은 거주 중에 자신의 필요 및 취향에 따라 구입하여 설치, 사용하게 되는 가구들을 말한다. 대부분 주방 가구 중 싱크대는 필수적으로 붙박이로 설치 된다. 공간 효율이라는 측면에서는 당연히 붙박이 가구가 이동식 가구를 압도하지만, 이사갈 때 두고 가야 한다는 점이나 거주자의 개성을 표현하기 힘들다는 점에서 명확한 한계가 존재한다.

개인적으로는 주방 가구와 옷장, 신발장, 장식장 정도는 붙박이를 권하고 화장대, 식탁, 텔레비전 하부장, 책장 등은 이동식 가구를 권하는 쪽이다. 물론 개인차가 있긴 하지만 전자의 경우에는 거주 중에 그 용량 및 용도가 크게 변하지 않거나 튀지 않고 배경에 묻혀 있어야 한다는 관점에서 골랐고, 후자의 경우에는 거주

자의 취향이나 유동성에 최대한 맞추어야 한다는 관점에서 골랐
다. 그래도 고르기 힘들다면 먼저 관심이 가는 가구 매장을 둘러
보고 정말 '이거다!' 싶은 느낌의 가구를 구입하고, 나머지를 전부
붙박이로 제작하면 된다

우리 집의 경우에는 주방 가구, 옷장, 화장실장, 분리수거함, 신
발장 정도만 붙박이로 하고, 식탁과 화장대를 구매했다. 텔레비
전 하부장은 아예 없앴고 침대와 베란다 수납장은 직접 만들었
다. 어느 집이나 마찬가지긴 하지만 가장 공을 들인 건 주방 가
구이다. 주방 가구를 고르고 짜 넣을 때 확인하고 결정해야 할 요
소들은 상판자재, 도어 마감자재, 주방 가전 위치 총 세 가지 정
도가 된다.

우선 싱크대 상판은 우리 신혼집의 가장 포인트인 동시에 가장 애
먹인 부분이기도 하다. 여태 건축일을 하면서 봐온 상판의 자재
는 인조 대리석, 스테인리스, 목재, 그리고 강화유리 정도이다. 물
론 세상에는 더 많은 종류의 싱크대가 존재한다. 심지어는 자연
바위를 깎고 다듬어 싱크대로 쓰는 것도 본 적이 있다.

간략히 각 자재의 특성을 설명하자면, 인조 대리석 상판은 관리하
기도 쉽고 색상의 다양성이 커 선택의 폭이 넓고 견고함도 뛰어
나다. 아마 흔하다는 게 인조 대리석의 유일한 단점이 아닐까 한
다. 스테인리스는 저가형 기성 싱크대에서 많이 쓰이긴 하지만,
최근에는 마치 대형 식당의 조리실처럼 멋을 낸 강도가 높은 스
테인리스형 제작 상판도 가정집 싱크대에서 사용한다. 하지만 스

테인리스 상판은 상판끼리 연결 및 접합을 해야 하는 부위에 용접이나 줄눈이 들어갈 경우 퀄리티 좋은 마감을 기대하기 힘들다는 게 단점이다.

목재, 원목 상판은 그 특유의 따듯한 색감과 부드러운 물성에 끌려 많이 찾지만, 일 년에 한두 번 기름칠을 하며 관리해야 한다는 약간의 수고스러움이 있다. 마지막 강화유리 상판은 지금까지 보아온 상판 중에 가장 고급스럽고 깊은 색감과 망치로 내리쳐도 흠집 하나 안 생기는 견고함을 보여주었지만, 그 가격대가 억 소리 나기 때문에 쉽게 사용할 수 없기도 하다.

싱크대의 도어 마감은 상판보다 결정이 쉽다. 보통 하이그로시 도어를 사용하고, 소유주 본인의 집이거나 여유가 있다면 보통 PET를 사용한다. 물론 그 이상의 퀄리티를 보장하는 열전사나 우레탄 마감도 존재하긴 하지만 PET가 친환경적이기도 하고 마감 퀄리티의 만족도에 있어서 극도의 예민한 사람이 아니라면 좋은 제품과 차이를 못 느끼기 때문에 굳이 추가금을 요청하면서까지 열전사나 우레탄 마감을 권유하진 않는다. 물론 완전히 색다른 도어를 원한다면 강화유리 도어 같은 특정 마감도 있다.

주방 가전은 그 종류도 다양하고 같은 종류 안에서도 기능과 크기가 제각각이어서 수납공간의 설계와 시공에 어려움을 주는 요소다. 냉장고, 김치냉장고, 가스레인지, 인덕션, 오븐, 환기 후드, 전기밥솥, 전자레인지, 전기 포트, 믹서기, 에어프라이어, 정수기 등 고려할 종류만도 십수 가지에 이른다. 이 중 필요한 것을 고르고 선택하는 일은 오롯이 소비자의 취향과 라이프 스타일의 문제지만, 배치할 때는 기준점이 필요하다.

우선 종류를 나누어 보자면 냉장고, 가스레인지, 오븐, 에어프라이어처럼 조리의 과정에서 각각 조리 일부의 역할을 맡게 되는 가전이 있고, 반대로 전기밥솥, 전자레인지, 와인셀러, 커피머신처럼 각각이 독자적으로 완제품의 음식물을 제공 가능한 가전이 있다. 배치에서는 준비(냉장고), 세척(싱크대), 조리(가스레인지)를 동선의 기준으로 삼고 그 기준점에 각각 조리 과정에 필요한 가전을 먼저 배치한 후, 나머지의 가전을 사용 빈도와 목적에 따라 배치하면 된다. 혹 주방에 자리가 부족하다면, 커피 머신은 식탁 위에, 김치냉장고는 베란다에 두는 등 그 외의 구역에 배치하는 것도 나쁘진 않다. 다만 각 배치할 곳에 각 주방 가전에 필요한 전기, 가스 등 필요한 기반 시설이 설치되었는지, 혹은 설치할 수 있는지 반드시 확인한다.

이외에도 붙박이로 부엌을 시공할 경우 주방 가구의 배치에 있어서 동선과 영역에 대한 고려도 필요하지만, 직접 가구를 짜 넣는 게 아닌 이상 붙박이 가구 업체와 상담을 진행하면서 고민하면 된다. 다만 꼭 한 가지 덧붙이고 싶은 것은 절대로 동선 폭이나 활동 영역의 폭이 90cm 이하가 되면 안 된다는 것이다. 물론 그 이하여도 지나가는 데 무리는 없겠지만, 뜨거운 냄비를 들고 활동하기엔 부족한 너비이기 때문이다.

옷장도 대부분 붙박이로 진행한다. 붙박이 옷장은 색감과 같은 디자인 측면을 제외한다면 도어 오픈 방법, 칸막이 구성, 내부 깊이 세 가지를 고려해야 한다. 도어 오픈 방법은 크게 슬라이딩과 여닫이로 나눌 수 있고 여닫이는 푸시도어와 손잡이도어로 크게 나뉜다. 슬라이딩은 도어의 오픈 공간을 잡아먹지 않는다는 장점이 있지만 동시에 모든 문을 열 수 없다는 점과 문 안쪽에 거울이나 넥타이걸이 등의 요소를 설치할 수 없다는 단점이 있다. 여닫이는 오픈 공간을 확보할 수만 있다면 모든 면에서 완벽해 보이지만 푸시도어는 푸시댐퍼의 내구성에 한계가 있는 게 단점이고, 손잡이는 손잡이의 디자인을 잘 골라야 도어가 투박해지는 것을 막을 수 있다.

우리 집은 거실 한 쪽 면에 붙박이장을 설치했기 때문에 공간 확보에 대한 부담감으로 슬라이딩 도어를 설치하였다. 칸막이 구성은 의류 아이템에 따라 크게 달라지긴 하지만 크게 세 종류로 나누어 고민하면 편하다. 코트와 원피스 같은 위아래로 긴 수납 공간이 필요한 의류, 속옷과 양말처럼 접어서 넣어놓을 서랍 공간이 필요한 의류, 그리고 그 외 셔츠와 바지처럼 일반 의류들로 나눌 수 있다. 대부분 옷장의 내부 깊이는 60cm 이상 확보가 된다면 쾌적한 환경이 조성된다. 다만 이불을 넣어야 하는 옷장이라면 그럴 땐 적어도 70cm 이상의 깊이를 확보해 주는 것이 좋다. 그 이하의 치수에서는 넣기도 힘들지만 억지로 넣고 문을 닫는 순간, 언제 쏟아져 사람을 덮칠지 모르는 사제 폭탄이 성공적으로 완성된다.

화장실에 사용하는 거울장이라 부르는 수납장은 보통 기성품을 설치한다. 물론 상황이 받쳐주지 않는다면 어쩔 수 없는 선택이지만, 우리 집과 같이 화장실의 한쪽 벽을 완전히 새로 세우는 경우라면 튀어나온 수납장 대신 매입 수납장을 적극 추천한다. 대부분의 주거 공간의 특성상 화장실에는 최소의 활동 면적만을 배치한다. 그래서 대부분의 수납장은 세면대 정면이나 변기 상부에 설치하는데, 세면대 앞에서 세수하기 위해 고개를 수그리거나 변기 물탱크 뚜껑을 열어보기라도 하려면 그렇게 걸리적거리지 않을 수 없다. 물론 벽에서 불쑥 튀어나온 모습도 썩 보기 좋은 것은 아니다. 물론 벽에 매입하는 방식도 단점이 없지는 않다. 가장 큰 문제는 그 깊이일 텐데, 대부분 벽 두께 안에서 제작되어야 하는 벽장의 특성상 수건을 보관할 정도의 깊이는 벽 자체가 두꺼운 경우가 아닌 이상 쉽게 나오지 않는다. 우리 집은 매입 수납장에 수건을 넣지 않고 화장실 앞에 별도의 수건 바구니를 두는 것으로 수건의 수납을 해결했다. 물론 아주 편한 것은 아니지만, (깜빡 수건을 잊고 샤워를 하게 되면 아내에게 수건을 가져다 달라고 애원해야 한다) 그래도 깔끔하게 정리된 화장실을 볼 때마다 흐뭇한 건 사실이다.

우리 집의 수납공간 중 제일 자랑스러운 부분은 현관 앞의 쓰레기통 겸 분리수거함이다. 집 안에서 쓰레기를 모으는 곳이 눈에 안 보였으면 하지만, 또 너무 구석진 곳에 있으면 생활에서 발생하는 쓰레기를 바로바로 버리기 귀찮아지기도 한다. 기능적으로는 쓰레기가 가장 많이 발생하는 부엌과 거실 사이에 위치하면 좋겠지만, 그 사이라는 곳이 집의 한가운데다 보니 보기도 안 좋고 냄새가 난다. 결국 기능적인 부분보다는 심미적이고 위생적인 이유로 쓰레기통은 베란다 한구석으로 밀려나게 된다. "만약 쓰레기통을 집 한가운데에 놓되, 디자인적으로 숨기는 일이 가능하다면?" 우리 신혼집의 현관 옆 작은 자투리 공간을 본 순간 떠오른 생각이었다. 편의점이나 카페에서 흔히 쓰이는 붙박이형 쓰레기통에서 디자인을 착안하여 일반 쓰레기와 분리수거를 동시에 해결할 수 있겠다는 아이디어가 떠올랐다. 디자인도 어려울 게 없었다. 세로로 긴 공간을 세 칸으로 나누고, 각 칸의 문은 전부 가리지 않고 문 윗부분만 조금 짧게 잘라 만든다. 문을 여닫지 않아도 그 틈사이로 쓰레기를 버리면 된다. 그로 인해 쓰레기 투입구를 우산 걸이로 쓸 수 있다는 건 덤이다.

집요정이 말하는

목재 상판 vs 인조 대리석 상판

우리 집에서 싱크대 상판을 목재로 하고 나니 주변의 지인들이 관심을 갖고 물어본다. 사용하는 데 불편하지 않는지, 가격은 비싸지 않은지 만족도는 높은지 등 여러 질문을 받아, 이 기회에 흔히 사용하는 인조 대리석 상판과 비교해 본다.

관리

목재 ★★☆   vs   인조 대리석 ★★★

목재 상판은 찍힘과 오염에 약하지만 강한 충격에 의해 부서짐이 적고, 반대로 인조 대리석은 찍힘과 오염에 강하지만 강한 충격이 가해지면 갈라지거나 부서져 버리기도 한다. 조리가 주목적인 싱크대의 특성상 조리도구의 충격으로 찍히거나 제때 닦아내지 못한 오염은 목재 상판에는 얼핏 가혹한 환경처럼 보이기도 한다. 특히 불 위에서 달궈진 냄비나 프라이팬을 그대로 싱크대 위에 올리면 그 모양 그대로 동그랗게 타버린 흔적을 남기기도 한다. 주기적으로 목재에 오일을 발라주는 등의 관리가 필요하다. 인조 대리석 상판은 오염에 강해 김칫국물이나 각종 소스가 묻어도 세제를 묻혀 닦아내면 금방 닦인다.

180

하지만 카레와 같이 물이 잘 드는 소스를 오랫동안 방치하면 얼룩이 지워지지 않으니 대리석 상판이더라 하더라도 오염이 생기면 바로 닦아주는 것이 좋다.

디자인

목재 ★★☆   vs   인조 대리석 ★★☆

디자인은 개인적인 취향이긴 하지만, 우리 부부는 공간에서 자재와 컬러의 다양성을 최소화하길 원한다. 심플하고 정리된 톤을 좋아해 집에는 두세 가지의 자재로 통일했다. 그러다 보면 항상 싱크대 상판이 거슬리게 되는데, 바닥이 마루인 경우 특히 마루와 어울리는 색의 인조 대리석을 찾기가 어렵다. 가끔 인조 대리석을 포인트로 쓰지 않고 배경처럼 쓰기 위해 상판에서 이어지는 벽 부분도 인조 대리석으로 쭉 이어서 시공하곤 하는데, 벽에 창이나 콘센트가 있으면 그마저도 어색하다. 물론 주방 집기들이 금속 목재 재질이라 인조 대리석인 석재 자재와 어울릴지는 몰라도 마루와 어울리지 않아 항상 아쉽곤 했다. 반면 목재 상판이라면 마루와 식탁, 싱크대 상판의 톤만 잘 맞춘다면 정돈된 느낌을 준다.

집요정이 말하는

인덕션쿡탑 vs 가스레인지

가정집에서도 인덕션을 많이 사용하는 추세다. 이전에는 보통 가스레인지가 필수였지만, 실내 공기에 대한 관심도가 높아지고, 심플한 디자인과 관리의 편의성으로 인덕션을 많이 선호하고 있다.

실내환경

인덕션 ★★★   vs   가스레인지 ★★☆

가스레인지가 실내 공기에 좋지 않은 이유는 불이 산소를 소모해서 내부 공기 중 산소의 농도를 떨어트리고 이산화탄소의 농도를 증가시키기 때문이다. 하지만 환기 후드를 잘 사용한다면 크게 걱정할 만큼의 문제는 아니다. 흔히 잘못 알고 있는 정보 중 하나가 인덕션에서는 생선을 구워도 연기가 안 난다는 것인데, 인덕션도 조리 시 수증기를 내뿜고, 구울 때 연기가 발생해 실내 공기에 영향을 끼치기 마련이다. 인덕션이나 가스레인지 둘 다 조리 시에는 환기가 필수다.

인덕션 ★☆☆　vs　가스레인지 ★★★

인덕션은 별도의 공사를 하지 않고 인덕션만 교체, 설치하기는 쉽지 않다. 인덕션은 상당한 양의 전기가 필요하고, 대부분 가정용 전기로는 용량이 부족하기 때문이다. 해결 방법은 차단기를 교체하고 좀 더 큰 용량의 전선으로 배선을 교체하는 것인데, 다른 말로 하면 전기공사가 추가로 필요하다는 이야기가 된다. 반면 가스레인지는 대부분 가정집이 두루 사용하는 만큼 교체와 설치에 있어서 간편하게 사용할 수 있다.

조리

....

인덕션 ★★★　　vs　　가스레인지 ★★★

....

인덕션은 빠른 가열 시간과 그것을 촬영해서 SNS에 올렸을 때의 멋짐이 있고, 가스레인지의 진정한 가치는 오징어와 쥐포를 직화로 구워 뜯어 먹는 맛에 있다고 생각한다. 다만 인덕션은 전용 기구를 써야 한다는 불편함이 있지만, 요즘엔 보편화되어 쉽게 구할 수 있다.

디테일

··

조명·스위치·수전

아내

공사가 막바지로 향해가며 모든 게 새것으로 바뀌고 있었지만, 이상하게 집은 점점 복잡해져갔다. 그 원인은 여기저기 널브러져 있는 공사 쓰레기들 때문이었다. 공사 쓰레기는 당연히 각각의 공사가 끝날 때마다 해당 공사 업체에서 발생하는 쓰레기를 치워 준다고 생각했다. 당시 내 사고로는 그게 당연했다. 하지만 왜 진행 상황을 확인하러 집에 올 때마다 점점 발 디딜 틈이 없어지는 지 의문이 들었다. 공사 중반쯤 지나서야 알게 된 사실인데 공사하는 분들은 일당을 받고 일하는 시스템이라 자신이 맡은 작업량 이상을 하진 않는다고 한다. 대충 정리해 주는 분들도 있지만 대부분 공사를 의뢰한 사람 쪽에서 처리하는 게 일반적이다.

공사가 거의 끝나는 시점에 집에 쌓인 폐기물 청소를 하기 위해 주말 하루를 완전히 비우기로 했다. 그것도 아침 일찍부터. 빠르게 움직이면 저녁이 되기 전엔 끝날 거라며 아무렇지도 않게 얘기하는 남편의 말이 무섭게 들렸다. 빠르게 움직여야 그나마 저녁 먹기 전에 끝난다는 거면 여유롭게 움직였을 땐 도대체 언제 끝난다는 건가. 평상시에 잘 보이지 않는 웃음기 뺀 얼굴로 시멘트를 발랐던 그날과 비교가 안 되게 힘들 수 있다며 각오하고 와야 한다고 말하니, 마치 병영 캠프를 앞둔 것 마냥 예측조차 할 수 없는 두려움이 느껴졌다. 하지만 한편으로는 얼른 폐기물 쓰레기

처리와 입주 청소를 끝내고 깨끗한 바닥에 털썩 주저 앉고 싶은 마음도 간절했다. 정확히 말하면 드러눕고 싶었다. 깨끗해진 타일 바닥에 난방을 세게 켜고 대자로 누워 뒹굴뒹굴하는 며칠 뒤의 나를 상상하니 조금은 청소를 맞이할 마음의 준비가 되었다.

집 여기저기 흩어져 있는 쓰레기들은 그 종류도 다양했다. 자재를 담았던 빈 박스들, 타일 공사 후 남은 타일, 시멘트인지 뭔지 알 수 없는 먼지 가득한 자재를 담았던 포댓자루, 자잘하지만 모아놓으니 꽤 무거운 공구들까지 그간의 집 공사 기록을 보여주고 있었다. 안전을 위해서라기보단 추위에 금방 감각을 잃어버릴 손을 위해 목장갑을 길게 올려 끼고 본격적인 쓰레기 정리에 돌입했다.

일일 작업반장인 남편이 오늘의 청소 순서를 브리핑하고 지시에 따라 나는 비교적 가벼운 쓰레기를 먼저 치우기 시작했다. 주로 빈 박스, 포댓자루 같은 것들이었다. 박스는 폐기물 처리할 필요가 없어서 바로 아파트 분리수거함에 버리기로 했다. 최대한 적게 움직이기 위해 내 몸뚱이만 한 박스 몇 개를 한데 모아 양손으로 있는 힘껏 눌러 잡고 옮겼는데도 분리수거함까지 몇 번을 오르락내리락해야 했다. 남편은 집안 곳곳에 흩어져 있는 남은 공사 자재들, 공구, 그 밖의 모든 쓰레기를 종류별로 포댓자루에 나눠 담았다. 처음엔 왔다 갔다 마주칠 때마다 한두 마디씩 대화도 하고 웃기도 했지만 어느 순간부터는 툭탁거리는 청소 소리만 집안을 가득 메웠다.

지시받은 내 할 일을 마치고 남편의 일을 도왔다. 다른 건 그렇다 치고 폐기물을 정리하며 가장 기억에 남는 건 공사에 사용하고 남은 타일 몇 개를 예비용으로 남겨두기 위해 베란다로 옮기는 일이었다. 남편이 정확히 발주를 넣은 덕분에 딱 하나 남은 거실 타일을 베란다로 옮기려고 가벼운 마음으로 집어 들었다가 그 엄청난 무게에 적잖이 당황했다. 타일이 집으로 배송 오던 날, 남편은 타일 시공에 들어가기 전 업무 지시 겸 타일 작업자를 도와 타일을 나르러 새벽같이 신혼집으로 향했었다. 사다리차를 쓰지 않고 타일을 직접 핸드카트에 올려 엘리베이터에 싣고 그것을 또 집 안까지 날랐을 생각을 하니 뒤늦게서야 그 고생이 짠하기도 하고 고마웠다.

공사를 시작하기 전엔 타일도 비싼데 시공마저 왜 그렇게 비싼 건가 싶었다. 두둑한 시공비 탓에 시공 현장에 비싼 외제차를 타고 등장하시는 타일공 사장님들이 많다는 얘기를 듣곤 새로운 직업의 발견이라며 부러워했는데 타일의 무게를 직접 느껴보니 알 것 같았다. 잠시나마 제2의 직업으로 꿈꿔본 타일 시공은 함부로 덤빌 수 있는 직업이 아니라는 것을 말이다. 그리고 그 엄청난 노동력을 생각하면 그 정도의 수익은 그리 큰 게 아닐 수도 있겠다고 생각했다.

현관문 근처부터 차례대로 포댓자루를 세웠다. 폐기물이 집 여기저기 흩어져 있어서 몰랐는데 모아놓고 보니 그 양이 부엌을 지나 거실 앞까지 닿았다. 모아만 두면 폐기물 처리해 주는 업체가 집으로 와서 실어 가는 건가 했는데 굳이 문 앞에 포댓자루를 줄 세운 이유가 있었다. 직접 핸드카트를 이용해 1층까지 포댓자루를 옮겨야 했던 것. 공사 현장은 칼 같은 곳이라는 걸 공사 동안 경험했어도 여전히 그 일의 경계를 가늠하는 건 어려웠다.

핸드카트 하나에 두 자루에서 세 자루 정도를 실어 서너 번을 오르락내리락하니 폐기물을 전부 1층으로 옮길 수 있었다. 쓰레기가 사라진 어색한 빈집에 여느 때처럼 돗자리를 깔고는 "어휴!" 하며 앓는 소리를 내며 몇 시간 만에 처음으로 자리에 앉았다. 폐기물 처리 차량을 기다리며 배달 음식으로 늦은 점심 겸 저녁을 때웠다. 처음으로 신혼집 거실 벽으로 지는 해가 길게 드리워지는 광경을 본 날이었다.

폐기물을 처리하고 청소까지 끝내니 신발을 벗고 집에 들어가는 날이 왔다. 쪼그리고 앉거나 서 있을 수밖에 없었던 지난날의 그곳에 털푸덕 앉았다가 대자로 누울 수 있는 날 말이다. 먼저 도착한 남편에게 타일 바닥에 난방이 잘 올라오냐 물으니 과장 조금 보태서 펄펄 끓을 정도라고. 집에 도착하기 전인데 벌써부터 몸이 노곤해지는 기분이었다.

공사 동안 집 안의 모든 곳을 경계 없이 신발 신은 채로 돌아다녔던 탓에 습관처럼 그날도 신발을 신은 채로 현관을 넘어설 뻔했다. 어색하게 신발을 벗고 양말 차림으로 처음 내디딘 타일 바닥은 다행히 얼어 있던 발이 찌릿할 정도로 따뜻했다. 공사 중엔 집에 올 때마다 실내임에도 불구하고 한겨울 바깥보다 더 차가운 냉기가 돌아 복도 끝에 있는 집인 탓인가 싶어 걱정했는데 단열에 무엇보다 신경 쓴 덕분인지 신기할 정도로 외풍이나 추운 기운이 전혀 느껴지지 않았다.

타일에서 내뿜는 온기가 신기해 한참 동안 타일을 만져보기도 하고 찜질방에 온 사람처럼 '으으' 앓는 소리를 내며 뒹굴뒹굴하기도 했다. 한 달 만에 끝낼 수 있냐고 의문을 품었던 신혼집 공사가 어떻게 끝나긴 했구나 싶었다. 결혼식 디데이가 한 달 내로 진입한 즈음이었다.

며칠 뒤 남편은 나에게 제법 비장하게 선전포고를 했다. 일주일 동안 신혼집에 먼저 들어가 머물면서 손볼 부분은 손보며 남은 일을 처리하겠다고 말이다. 이 말을 예비 신랑'어'로 바꾸면 결혼 전 신혼집에서 혼자만의 자유시간을 누려보겠노라는 뜻이었다. 대학교 졸업반 시절 아주 잠깐 자취를 해본 기간을 제외하고 혼자 살아본 적 없는 남편은 독립의 꿈을 이룬 싱글족처럼 들떠 보였다.

'독립'하던 날 하루 휴가를 내고 혼자 가서 매트리스와 이불을 사 오더니 다음날 새벽에 사진을 하나 보내왔다. 방으로 들어오는 아침 햇빛을 찍은 사진이었다. 며칠 남지 않은 싱글 라이프를 빈틈없이 즐기는 모습이었다.

남편은 집에 혼자 머무는 동안 부엌과 침실의 조명도 설치했다. 다행인 건진 모르겠지만 우리는 아직까진 해외 직구까지 감행하는 비싼 조명엔 큰 관심이 없다. 공사 기간엔 알아볼 여력이 없었다고 하는 게 맞는 말인지도 모르겠다. 그래서 모양만 놓고 봤을 때 각 공간에 어울릴 것 같다고 생각한 조명을 조명 가게에서 구매했다. 침실 조명으로 선택한 구 모양의 일명 '달 조명'을 설치한 날, 생각보다 더 우리 침실과 잘 어울리는 모습에 "귀여워!"를 연발하며 스위치를 켰다 껐다 하며 신이 났다. 밤이 되면 빈틈없이 까매진 넓은 침실 창에 달 조명이 비추어져 마치 보름달이 둥실 떠 있는 것처럼 보이기도 한다. 예쁘기만 한 줄 알았던 달 조명엔 숨겨진 사연이 하나 있긴 하다. 가끔 침대 위로 올라서다가 무심결에 머리를 박곤 하니 예쁘기만 한 줄 알았던 펜던트 조명의 주의할 점이다. 자주는 아니었지만 우리 둘 다 침실 조명에 몇 번 호되게 당했다.

전기공사 파트에서 언급했던 것처럼 처음엔 매입, 그다음엔 핀 조명을 고민할 정도로 최대한 눈에 띄지 않게 하고 싶었던 부엌 조명은 싱크대의 나무 상판과 어울리는 사각 우드 펜던트로 결정했다. 사실 우드 갓이 씌워진 펜던트와 고민했는데 침실 조명이 펜던트 형이기도 했고 부엌은 일하는 공간이다 보니 빛이 약할 수 있기 때문에 싱크대 전체를 넓게 비출 수 있는 가로로 긴 조명이 적합해 보였다.

철거가 끝나갈 무렵 남편은 미리 수전을 골라야 한다며 몇 개의 사이트를 알려주었다. 수도꼭지 하나, 샤워기 하나를 고르는 데 종류도 다양하고 또 비슷한 제품은 왜 이리 많은지 찜한 건 바로 링크를 복사해 두지 않으면 기억하기 어려울 정도였다. 수전의 시세를 모르는 상태로 몇 페이지를 넘기며 구경했는데 예뻐서 눌러보면 깜짝 놀랄 가격에 뒤로가기가 절로 눌러지는 것들이 꽤 있었다.

사실 싱크대와 화장실 수전, 그리고 도기 모두 내가 원하는 모양을 고르기만 하면 당연히 우리 집에 딱 맞게 설치가 가능하다 생각했다. 하지만 수도관이 어떻게 자리 잡고 있느냐에 따라 원하는 수전을 설치하지 못할 수 있다는 것을 알게 된 후 마음에 두었던 싱크대 수전은 안타깝게도 포기해야만 했다.

내가 처음 골랐던 싱크대 수전은 뒤집어진 U자 모양의 수전이었다. 당연히 싱크대 상판에 수도관과 수전을 연결해 설치한다고 생각했다. 아니, 우리 집은 상판이 아닌 싱크대 벽에 수도관이 연결되어 있다고 들었을 땐 그게 오히려 이상하게 느껴졌다. 당연히 수전은 싱크대 상판과 연결되어 있는 게 아니었나. 유심히 관찰하지 않아서 나만 몰랐던 사실이었는데 처음 집을 보러 왔을 때 철거된 싱크대의 수전은 벽에 붙어 있는 형태였다. 그렇다고 해도 다시 싱크대를 만드는 거니 수전의 위치도 바꿀 수 있다고 생각했는데 물론 불가능하지는 않지만 그렇게 되면 단순히 수전을 설치하는 데서 끝나지 않고 수도관을 건드려야 하는 큰 공사가 된다는 것이다. 예정에 없던 수도관 공사까지 하기엔 이미 싱크대는 완성된 단계에 들어간 터라 상황에 맞는 적당한 수전을 고르는 선에서 아쉬운 마무리를 짓기로 했다.

남편이 지금도 가끔 정말 잘 골랐던 것 같다며 셀프 칭찬하는 아이템 중 하나는 화장실 변기다. 수전도 마찬가지이지만 변기 또한 그 가격이 천차만별인데 우리가 원했던 굴곡이 거의 없는 둥근 느낌의 변기는 보통 비싼 모델이 많다고 한다. 운이 좋게도 남편이 발품을 팔아 비교적 저렴한 가격에 딱 그런 모양을 가진 변기를 구매했다. 변기의 기능 버튼이 벽에 달려 있고 센서가 있어 굳이 손을 대지 않아도 물이 내려가는 신식 변기를 집에서 쓸 수 있다는 게 신기했다. 요즘 새로 짓는 아파트에선 전혀 놀라운 일이 아닐 수 있지만 서른 살 먹은 우리 집과는 조금 괴리감이 느껴지는 신문물인 건 확실했다.

설치할 때 한 가지 우려했던 점은 생각보다 변기가 커서 화장실 문을 열었을 때 문이 변기에 닿아 끝까지 열지 못할 수도 있겠다는 것이었다. 하필 새로 짠 화장실 구조도 문 바로 맞은편에 변기를 두는 배치여서 설마 했는데 진짜로 변기 뚜껑을 닫아놓으면 문이 걸려버리는 사태가 발생했다. 하는 수 없이 뒤늦게 문 오른쪽을 조금 잘라내고 다시 붙이는 수고를 겪어야만 했다.

세면대는 하부장이 없는 모양으로 고르고 싶었다. 화장실이 좁다 보니 최대한 넓어 보이고 싶은 목적 때문에 수도관까지 도기로 감싸 있는 두툼한 통자형도 웬만하면 피하고 싶은 모양이었다. 수납은 붙박이장 하나로 해결하고 왼쪽 벽을 따라 꽉 채워 붙인 선반 위에는 세면 용품 몇 가지와 세면대 볼만 두기로 했다.

의도치 않았지만 선반 덕분에 수도관도 가려져 훨씬 깔끔해 보이는 효과를 얻었다. 하부장이 없으니 공간을 막는 답답함도 없고 청소도 쉽다.

미리 설치한 수도꼭지와 샤워기를 제외한 비누걸이, 칫솔걸이, 휴지걸이, 수건걸이, 옷걸이는 우리가 직접 달았다. 조금 비싸긴 했지만 화장실 수전은 모두 '아메리칸 스탠다드'의 제품으로 선택했다. 우리가 선택한 제품이 세트로 구성되어 있어 한꺼번에 구매하는 바람에 필요유무를 따지지 않고 다 설치했지만, 지나고 보니 비누걸이나 칫솔걸이, 옷걸이 같은 경우는 무조건 구매할 필요는 없었던 것 같다. 비누걸이는 핸드워시로 대체할 수도 있고 칫솔걸이도 통이 고정되어 있으니 아무래도 청소가 조금 불편하다는 단점이 있다. 화장실 안쪽 문에 설치한 옷걸이는 결혼 후 몇 달 동안은 의무감에 열심히 사용하다가 눅눅한 옷이 싫어 결국 지금은 외롭게 문에 방치되어 있다.

공사가 정리되고 나니 오래 머무를 수 없던 공사 현장이 생활 가능한 공간으로 점점 바뀌어가고 있었다. 이젠 편하게 화장실도 쓸 수 있고 남편이 집에 들를 때마다 마시려고 사 온 편의점의 네 캔에 만 원 맥주를 일렬로 줄 세워 둘 냉장고도 생겼다.

붙박이 가구공사까지 끝나고 집안 곳곳 넘쳐나는 쓰레기를 모아 보니 거실에 한가득 쌓였다. 건축공사를 하면서 골치 아픈 것 중 하나(생각해보면 골치 안 아픈 것이 하나도 없다)가 폐기물을 관리하고 처리하는 것이다. 폐기물이 생길 때마다 수거 차량을 불러서 버리면 현장이야 깨끗하지만 비용이 많이 나오고, 그렇다고 무작정 쌓아두고 한 번에 버리자니 작업할 공간이 나오지 않을 정도로 폐기물이 쌓여버린다. 만약 트럭이라도 있어서 직접 실어다 폐기물 처리장에 버린다면 저비용으로 처리할 수 있었을 터였다. 하지만 트럭도 차도 없던 나로서는 최대한 모아서 한 번에 내다 버리는 방법이 최선이었다. 물론 그 양이 어마어마해 혼자서는 도저히 내릴 수 없어서 아내에게 도움을 요청했다. 아내는 폐기물을 버리는 게 은근히 힘에 부쳤는지 폐기물 버리는 차를 부르면 집까지 와서 전부 처리해야 하는 거 아니냐며 투덜거렸지만, 그래도 주차장에만 내려놓으면 된다고 다독거리며 (무거운 건 내가 다 내렸지만) 폐기물을 반나절 만에 다 처리할 수 있었다.

이제는 집 정리가 어느 정도 되었으니 그동안 임시로 붙어 있던 조명을 떼고 진짜 조명을 설치할 차례가 왔다. 전기공사의 마지막은 조명, 콘센트, 스위치와 같은 기구들을 설치하는 것으로 끝이 난다. 처음부터 조명의 종류와 위치 등이 잘 계획되었다면 목공 단계에서 적절한 위치의 배선과 함께 매입등을 설치할 위치에는 구멍을 뚫고 돌출되는 조명을 설치할 위치에 선을 뽑아놓는 등의 작업이 이루어졌을 것이다. 그러지 않고 도장이나 도배가 끝난 상황이라면 매우 곤란한 상황에 직면하게 된 것인데, 정확한 조명 위치를 잡기 위해서는 천장에 먹줄도 놔야 하고 구멍이라도 뚫다가 주변 마감에 손상이라도 간다면 작업자들이 다시 와야 하기 때문이다. 물론 조명이나 기타 전기 기구들의 위치가 중간에 바뀌어도 마찬가지이다. 그래서 대부분의 동네 인테리어 업체에서는 넓고 납작한 형태의 돌출형 방등을 선호한다. 마감 시공 전에 선만 뽑아놓으면 되기도 하거니와 약간 자리를 옮기더라도 조명의 크기보다 설비 구멍이 작으니 티가 나지 않고 자연스럽기 때문이다.

처음 조명 계획을 잡을 때 가이드 라인으로 잡았던 것이 '과하지 않게, 밝은 것보다는 은은하게'였다. 주광색백색조명은 세탁실이나 베란다 같이 기능적으로 밝아야 하는 부분에만 설치하고, 나머지는 주백색전구색과 백색의 중간색의 조명을 최소한으로만 설치하여 시간에 따라 변하는 자연광을 실내에서 느낄 수 있도록 했다. 하루 중 해가 뜬 시간에는 밝고 해가 진 시간에는 차분하고 아늑하게 어두워지는 자연에 가까운 집을 원했다. 위치적으로 중심인 복도 겸 부엌에는 부엌용 펜던트와 작은 벽등을 제외하고는 천장에 다른 조명은 설치하지 않았다. 조명 기구를 고를 때도 꽤 신경을 썼는데 부엌과 침실의 펜던트는 모두 커스텀 오더가 들어간 조명들이다. 부엌의 우드 펜던트는 원래 주광색 밖에 생산이 안 되는 녀석이지만 우리는 주백색을 원했다. 침실의 달덩이 같은 펜던트는 너무 길어 천장에서 떨어지는 길이를 줄이기 위해 봉을 잘라내야만 했다. 두 개 다 조명가게 사장님께 열심히 졸라 원하는 대로 진행할 수 있었다. 만약 제작사에서 제공하는 조명이 백 프로 원하는 조명이라면 다행이지만 그렇지 못하고 약간 아쉬운 부분이 있다면, 한 번쯤은 조명가게 사장님께 부탁드려 볼 만하다.

펜던트를 비롯한 각종 조명 기구를 열심히 골라서 주문하고, 현장에서 받고, 전기 사장님께 설치를 부탁할 때까지만 해도 문제가 생긴다면 펜던트 조명에서 생길 줄 알았지 매입등에서 생길 줄은 상상도 못 했다. 정확히 말하자면 거실의 무드등으로 선택한 매입형 스팟 조명인 COB등에 문제가 생겼다. 실내의 층고를 최대한 확보하고자 천장 내부를 최대한 좁게 시공했더니 매입등의 높이보다 천장 내부가 더 낮았던 것이다. 다행히도 좀 더 낮은 타입의 매입등이 있어서 퀵으로 받았다. 바로 교체하여 설치가 가능해서 다행이었지만, 미리 체크하지 못했던 스스로에 대해 아쉬움이 컸던 부분이기도 했다.

스위치와 콘센트는 흔히 쓰이는 무난한 제품들로 설치하는 경우 전기 사장님께 말만 잘하면 그냥 추가 금액 없이 전기공사 비용 내에서 설치가 가능하지만, 욕심을 좀 내서 고급 기구를 설치하려고 한다면 직접 스위치와 콘센트를 준비해야 한다. 고가의 제품은 저렴한 기구들에 비해서 설치 과정이 복잡한 경우도 더러 있고 설치 과정이 복잡하다는 이야기는 그만큼 불확실성도 높아지고 시공에 드는 시간이 늘어나기 때문이다. 다른 말로 하면 단순히 기계 값만 더 드는 게 아니라 시공이나 잔손보는 과정에서 드는 비용까지 더 올라갈 수도 있다는 이야기다. 우리 집은 처음 설치할 때는 하얗고 아무런 무늬가 없는 기본형 스위치를 설치했다.

마지막으로 전기공사에 필수로 확인할 것이 하나 있는데, 바로 통신에 관련된 사항이다. 조명은 없이 살 수 있어도 인터넷 없이는 살 수 없는 사람들이라면 꼭 전기공사가 끝나면 어디서 외부 통신선이 들어와서 어디로 나와 있는지 반드시 확인한다. 전기 사장님의 역할은 실내에 통신선UTP을 깔아주는 것까지고, 그것을 실외로 연결하고 통신망에 가입하는 것은 각각 다른 누군가가 해야 하는 일이기 때문이다.

만약 기존에 외부에서 들어온 통신선이 있다면 거기에 모뎀을 물려주고 그 모뎀에는 실내의 통신망을 꽂아주기만 하면 되지만, 만약 외부에서 들어온 통신선이 없다면, 일단 전기 사장님께 부탁드려 최대한 바로 해결하는 것이 가장 좋다. 그렇지 않다면 관리 사무소에 연락해서 선을 찾아달라고 해야 한다. 그 경우에는 추가금이 발생할 것을 각오한다. 물론 이 또한 경우의 수가 많기 때문에 정신 똑바로 차리고 있지 않다가는 바가지를 왕창 쓰게 될지 모르니 주의한다.

이제 수전, 도기를 설치해야 하지만, 그전에 하나 더 붙박이로 설치할 것이 남아 있다. 보통 화장실의 한쪽 벽에는 절반 정도의 높이에서 단이 툭 튀어나와서 선반 역할을 해주는 '젠다이'라고 불리는 것이 있다. 욕실 용품을 올려 두는 선반 역할과 각종 설비라인을 숨겨주는 역할을 할뿐더러 세면대 위에 거울장이 설치되는 경우 세면대의 위치를 앞으로 더 튀어나오게 해줘서 세수하다가 거울장에 머리를 박지 않도록 해주는 역할도 겸하고 있다. 하지만 우리 집의 경우에는 이미 벽에 매립장을 설치하였기에 젠다이를 만들 필요는 없었다. 그래도 샤워 용품을 모두 벽장에 넣어놓을 수 없어 노출된 선반이 하나 정도는 필요했다.

디자인적으로 봤을 때 작은 선반을 걸어놓고 쓰기에는 옹색한 부분이 있어 보이기도 하고 작은 화장실을 오히려 더 작아보이게 할 수 있다는 생각에 여러 가지로 꾀를 내다가 결정한 것이 아예 크게 대리석 선반을 만들어 세면대도 올리고 욕실 용품을 한 번에 두는 방식이었다. 볼 세면대를 올릴 수 있을 정도의 시원스러운 선반을 걸어놓기 위해서 우선 금속 프레임으로 뼈대를 만들고 그 위에 하얀색의 인조 대리석을 짜서 올렸다. 일련의 과정에서 제일 주의한 부분은 세면대에 필요한 각종 배관이 지나갈 공간을 마련하는 것이었다. 세면대와 수전의 치수와 무게 등을 미리 확인하고 선반의 정확한 부분에 딱 필요한 만큼의 구멍을 뚫어 달라고 미리 요청하면 나머지는 도기와 수전을 설치하면서 해결하면 되는 일이다.

'기계 설비'가 정확한 명칭이지만, 일반적으로 '설비 공사'라고도 부르는 공사는 도기와 수전을 설치하는 것으로 마무리가 된다. 그리고 마무리를 짓는 날엔 제발 모든 일이 잘 풀리기를 바라며 기도하는 심정이 된다. 수전이나 도기를 설치하는데 어떤 자재라도 위치가 잘못되어 있거나 혹은 잘못 설치하였다면, 그것을 바로잡기 위해서는 최소한 마감을 뜯는 것부터 시작해야 하기 때문이다. 흔치 않은 일이지만, 그렇다고 극히 드문 일도 아니라 예민해지는 건 어쩔 수 없는 날이기도 하다. 나처럼 현장에 있지 못하고 출근하는 경우라면 더더욱 말이다. 작업에 방해될까 전화도 못 하고 끙끙 앓다가 다시 일에 집중하다가 다시 또 먼 산을 쳐다보다가 핸드폰만 또 쳐다보다가 하는 순간 전화가 왔다.

변기가 문제였다. 사실 어느 정도 예상은 하고 있었고, 그에 대한 대비도 완벽했다고 생각했다. 처음 수도 설비 위치를 잡을 때 상수, 온수, 오수 배관 모두를 원하는 곳으로 옮길 수 있던 건 아니었다. 그래서 주방에서 사용하고 싶었던 싱크대 수전은 깔끔하게 포기하고 벽용 수전을 설치하기로 마음잡았지만, 변기만큼은 포기하지 못했다. 기존 플라스틱 마감이 철거되면서 변기 배수관과 벽과의 간격이 넓어졌고, 맞은편에 위치한 문의 크기도 넓어진 만큼 변기의 위치를 벽 쪽으로 20cm 이상 옮겨야만 했다. 하지만 우리 집 바닥은 아랫집 천장이 되는 아파트의 구조상 슬라브수평구조체를 뚫고 나가는 바닥 배관의 오수관을 옮기기 위해서는 아랫집 천장을 열어서 같이 작업을 해야 해서, 정석적인 공법을 선택할 수가 없었다. 그 대책으로 선택한 것이 '편심'이었다. 배관 위치를 옮기지 못할 경우 관을 꺾거나 이어주는데, 편심은 이때 관을 꺾는 동시에 이어주는 부자재를 말한다. 일반적으로 5cm 정도 되는 편심은 많이 쓰이지만 우리 집처럼 10cm가 넘는 경우에는 심각한 수준의 막힘 현상이 일어날 수 있어서 많이 쓰이지 않는다. 결과적으로 말하자면 우리 집은 20cm 편심을 사용했지만 천만다행히도 아직 막힌 적 한번 없이 잘 쓰고 있다. 하지만 문제는 편심을 사용해도 화장실 문을 열 때 변기가 걸린다는 점이었다. 결국 목수 사장님이 다시 방문해 문의 크기를 2cm 정도 줄여야 했다.

수전과 함께 설치하는 것이 수건걸이나 휴지걸이와 같은 액세서리이다. 액세서리들을 설치할 때는 보통의 경우 나사로 고정시키기 때문에 타일의 파손을 막기 위해 타일의 한가운데에 뚫지 않고 줄눈 부분을 공략해서 설치한다.

물론 그렇게 하더라도 나사가 들어가는 힘으로 타일이 갈라지는 경우도 종종 있다. 대부분의 경우 기술자의 실수(라기보다는 그날의 운세에 가깝다)에 의해 발생하는 일이기 때문에 미리 대비하기 힘든 영역의 문제이지만, 휴지걸이의 설치 방향과 같이 미리 선택하고 계획하는 문제들은 대비할 수 있는 영역의 문제이다. 특히 비누걸이나 칫솔걸이 같은 액세서리들은 설치하는 것보다 그냥 세면대 위에 두고 사용하는 편이 오히려 위생적이거나 깔끔할 수도 있으니 충분히 고려할 문제이기도 하다.

이제 준공 청소만 마치면 인테리어 공사는 끝이 난다. 그렇지만 우리가 살 곳을 만드는 일은 아직 끝이 난 게 아니다. '우리가' '살' '곳' 중에서 '곳', 장소를 만드는 일이 이제 겨우 끝난 거다. 이제는 '살', 즉 삶을 영위하기 위한 홈 스타일링이 남아 있다. 인테리어 라는 '공사'에서 채우지 못한 작은 부분들을 홈 스타일링에서 채 워 넣어야 하기 때문이다. 가구나 소품 배치 등의 스타일링부터 공사하면서 놓친 부분들의 잔손보기와 생활하면서 발생하는 각 종 AS까지 우리가 '집'에서 살면서 가꾸어 나가야 할 부분은 무수 히 많다. 그중 가구 제작이나 잔손보기를 위해 나는 결혼을 한 달 남짓 앞두고 텔레비전도 냉장고도 없는 이 집에 들어와 살기 시 작했다. 언젠가는 내가 사용할 가구를 내가 직접 만들어 쓰리라 생각해 왔는데 지금 기회가 온 것이다!

집요정과 함께 만드는

싱크대 상부등

싱크대 상부 간접등은 약간의 전기 상식과 손재주만 있으면 충분히 만들 수 있다. 전기공사가 끝나고 보니 부엌에 조명이라고는 펜던트 하나만 있어 조리할 때 빛을 등지게 되어 그늘이 생겨 불편했다. 그런 불편을 해결하기 위해 싱크대 선반을 활용하여 간접등을 설치하기로 했다. 다행히도 선반 뒤와 벽 사이에 3cm 정도 공간이 있어서 LED 모듈 부착이 가능했다. LED 모듈의 색상과 길이를 정했다면 조명가게에서 사 오면 되는데, 구매할 때 반드시 그 길이에 맞는 '안정기'도 같이 주문해야 한다. 작은 스위치와 플러그도 같이 집어 들면 된다.

각각의 자재는 플러그 - 안정기 - 스위치 - 모듈 순서가 되도록 결합한다. 각 자재의 맨 끄트머리에 피복을 벗기고 결합하여 전기 테이프로 꼼꼼하게 동여매면 일단 제품은 완성된다. 결합할 때는 콘센트에서 모듈이 부착될 위치까지 거리를 잘 계산해서 전선의 길이를 조절하는 게 중요하다. LED 모듈을 부착하기 전에 플러그를 콘센트에 꽂아서 잘 작동하는지 확인한 다음, 그대로 LED 모듈을 붙이면 된다. 모듈 뒤에 양면테이프가 붙어 있다면 바로 선반에 부착하면 되지만 양면테이프가 부착이 안 된 제품은 별도로 붙여준다.

집요정이 말하는
중문 설치 vs 현관문 교체

중문은 멋뿐만 아니라 현관의 취약점을 막음과 동시에 외부 오염물을 일 차로 걸러주는 기능까지 담당하니 거주자 입장에서는 참 좋은 아이템이 아닐 수 없다. 하지만 어떤 경우에서는 중문 교체보다 현관문을 더 나은 제품으로 교체하는 게 나은 방법일 수 있다.

방음

··

중문 ★★☆ vs 현관문 ★★★

··

사실 방음은 어떤 사양의 문을 설치하느냐에 따라 크게 달라지지만 중문은 현관 공간의 벽까지 같이 고려대상에 넣어야 한다. 현관과 거실 사이에 방음 성능이 전혀 없는 단창 유리 같은 재질로 방음 중문을 설치한다면 기껏 만들어놔도 벽을 통해 울림이 전달되어 버린다. 이 경우 현관문 자체를 기밀성 높은 것으로 교체하는 것을 추천한다.

단열

중문 ★☆☆   vs   현관문 ★★★

순간적인 소음만 막으면 어느 정도 성능을 발휘하는 방음과는 다르게 단열의 경우 지속적인 단열 성능을 발휘해야 한다. 하지만 방음과 마찬가지로 단열 성능이 있는 중문을 설치해도 벽자체가 단열이 약하면 큰 의미가 없다. 시간이 지날수록 내외부의 온도차가 줄면서 결국 단열 성능이 없는 것과 마찬가지가 되어버린다.

중문 ★★★   vs   현관문 ★☆☆

비를 맞고 들어왔을 때 우산을 접는 행위부터 실내를 보호하는 역할은 중문
이 확실하게 해낸다. 현관문이 있다면 외부에서 몸을 털고 우산을 털고 모든
처리를 해야 하지만, 중문이 있다면 실내에서도 모든 처리가 가능하다. 중문
에 따라서는 방충망이 설치되는 타입도 있고 방충망이 없더라도 벌레를 한 번
더 차단하는 역할도 있으니 벌레를 싫어하는 사람들에게 충분히 권할 만하다.

우리
집
··
가
구
·
보
수

아내

필요 없다 싶은 건 과감하게 버리는 엄마 덕분에 친정집엔 짐이 없는 편이다. 엄마는 한 번씩 날을 잡아 종목별로 짐을 정리하곤 했는데 어느 날은 냉장고, 어느 날은 옷, 어느 날은 내 방까지 외출했다 집에 오면 예고 없이 집의 어느 한 부분이 싹 정리되어 있었다. 엄마는 내가 잘 쓰지 않는다고 생각하는 것들은 일단 분류해두고 나 스스로 판단해서 버리라고 하셨다. 정리를 잘 못하는 나는 엄마 덕분에 그나마 주기적으로 내 짐을 정리했다. 해가 지날수록 집은 점점 더 비워졌다. 우리 집에 처음 방문하는 사람들은 가끔 '곧 이사가냐'고 물을 정도였다.

오랜 시간 동안 엄마의 영향을 받아서인지 나는 곧 살게 될 신혼집에 최소한의 가구만 두고 싶었다. 우리가 처음 집에 들어갈 때도 모든 가구와 가전이 세팅된 상태가 아니었다. 일단은 없이 살아보고 그래도 필요하면 그때 사자고 했다. 이왕 꼭 사야 된다면 괜찮은 걸 찾아보고 사려고 결정을 미룬 것이었지만 자연스럽게 그 대상이 정말 필요한지 고민해 보는 시간이 되기도 했다. 그러다 보니 우리 집엔 장식용이라 할 물건들도 없다. 결혼식 날 포토 테이블에 두었던 큰 액자 하나와 작은 액자 두 개, 그리고 굳이 하나 더 골라보자면 현관의 두꺼비집을 가리기 위해 걸어둔 원형 거울 정도가 전부다. 스스로가 미니멀리스트라고 생각하지는 않지만 비어 있는 벽을 굳이 채우거나 장식이 될 만한 물건을 놓고 싶단 생각이 들지 않는다.

그렇게 정예 멤버로 우리와 함께하게 된 가구는 좌식 테이블, 평상 침대, 낮은 수납 선반, 작은 화장대가 끝이다. 가구들의 덩치는 모두 내 허리춤을 넘지 않는다. 아담한 집에 키가 큰 가구를 두면 가구에 공간이 압도될 것 같아 피한 것도 있지만 낮은 가구가 좋았다.

처음엔 우리도 여느 신혼부부처럼 거실 사이즈에 적당해 보이는 소파를 찾았다. 남편이 잘 아는 수입 가구가 있는 편집숍도 가보고 내가 구경해 보고 싶었던 가구 브랜드 쇼룸도 들렀다. 좌식 소파 중 몇몇 혹하는 것들은 있었지만 살까 싶다가도 자꾸 우리 거실엔 과하단 생각에 구매를 망설였다. 소파를 사놓고 금방 질려서 다른 걸로 바꾸고 싶다는 지인들의 이야기도 많이 들어서인지 이윽고 소파가 정말 필요한지에 대한 논의에 이르렀다. 남편은 내가 소파를 사려고 하는 것 같아 말은 안 했지만 꼭 소파를 사야 한다고 생각하진 않았다고 했다. 그런 남편이 '빈백bean bag'을 제안했다. 사진을 보고 나서야 '아, 이거!' 했지만 정식 명칭이 빈백이라는 것도 몰랐다. 콩 주머니를 닮은 빈백은 푹신한 쿠션감으로 편안함이 매력이다. 소파에 비해 자리도 덜 차지할 뿐더러 소파는 이동이 자유롭지도 못한데 빈백은 그런 점에서 효율적이라는 의견이었다.

사실 편하게 앉았다 누웠다 하려면 그다지 예쁘지는 않지만 다리를 뻗을 수 있을 정도로 거대한 크기의 기능적인 소파를 사야 했다. 만약 불편함을 감수하고 예쁜 소파를 산다면 앉아있다가 스르륵 눕기도 힘들고 미우나 고우나 둘이 붙어 앉아야 하며 (혹은 한 명의 편안함을 위해 다른 한 명의 자리는 바닥이 될 확률이 높다) 자리까지 많이 차지할 테니 얻는 건 예쁨 하나뿐이다. 예쁘면서도 기능적인 소파가 어딘가엔 있겠지만 말이다.

그렇게 우리는 비싼 소파 살 돈의 절반의 절반을 아껴 빈백을 구입했다. 빈백은 사용하지 않을 땐 한쪽 구석에 쌓아놓고 거실을 넓게 활용할 수 있다. 덩치 큰 소파가 없으니 공간을 가로막지 않아 답답함도 없고 청소가 어려운 사각지대도 없다. 언젠가 더 넓은 집으로 이사를 간다고 해도 소파를 사는 문제는 오래 고민하지 않을까.

결혼하기 전까지 침대 대신 이불을 깔고 잤던 나는 여행지에 가더라도 서양식의 높은 침대에서 자는 것이 항상 불편했다. 나는 몸이 바닥과 가까워야 안정적이라고 생각하는 사람이라 침대에서 자면 떠 있는 느낌 때문인지 매번 잠을 설치는 기분이 들었다. 남편에겐 예전부터 침대에 대한 불호 의견을 말해왔다. 대신 평상 침대를 얕게 만들고 그 위에 토퍼를 놓는 것에 대한 의견을 물었다. 다행히 어디에서든 머리만 대면 잘 자는 남편은 내 의견대로 하자고 해주었다. 그러더니 그 평상 침대를 자기가 만들어 보겠다고 했다. 남편이 직접 정한 나에게 주는 결혼 선물이었다.

취미로 가구를 만들곤 했던 남편은 연애 시절 크리스마스 선물로 직접 디자인한 의자를 선물해 주기도 했다.

한참 결혼 준비로도 바쁘고 회사 일도 바빴던 시기라 그냥 맞춤 주문을 하자고 말렸지만 남편은 지치는 결혼 준비 와중에 취미 생활을 할 수 있음에 그저 신난 모습이었다. 태생이 열정 부자인 남편은 힘든 건 모르겠고 그저 새로운 것을 만들어본다는 즐거움과 목공 기술을 뽐내고 싶다는 의지가 가득해 보였다.

남편은 혼자 신혼집에 머무는 동안, 주말 하루를 잡고 낮은 평상 침대를 완성했다. 침대는 옆면이 노출된 형태로 수납공간과 함께 이불 같은 큰 짐을 보관할 수 있도록 위로 여닫을 수 있게 만들었다. 벽과 침대 사이에 뜨는 공간 없이 꽉 차게 만들어진 데다 높이도 낮아서 안심하고 뒹굴뒹굴할 수 있었다. 덕분에 다년 간 이불에 적응된 몸이지만 이 침대에 처음 누운 날도 어색함 없이 잘 잤다. 사실 처음 며칠은 신나게 뒹굴거리면 빠드득하고 부서지는 게 아닐까 싶어 항상 긴장하며 누웠는데 지금까지 문제없이 잘 쓰는 걸 보면 품질을 의심하진 않아도 될 듯하다. 결혼 준비를 하며 가구까지 찾아봐야 하는 일은 항상 까마득했는데 생각지도 못한 결혼 선물로 그 고생을 덜어준 남편에게 다시 한 번 고맙다고 전하고 싶다.

남편이 집에 들어오며 제일 먼저 모셔온 건 레코드플레이어와 스피커였다. 클래식한 취향을 가진 남편이 시아버지께 생일에 받았던 선물이다. 본가에서 꼭 필요한 것만 가져오자고 의견을 맞춘 후 남편이 1순위로 꼽은 물건이 이 음향기기들이다. 입주 청소가 끝나고 집에 잠깐 들른 날, 생각보다 웅장하게 거실의 한쪽을 차지하고 있어 당황스럽긴 했지만 나름 엄청나게 고심해서 배치한 듯한 레코드플레이어와 스피커를 보니 나 혼자 고민했던 블루투스 스피커는 들어올 자리가 없겠다 싶어 마음을 접었다.

남편은 나에게 레코드플레이어 작동법에 대해 철저히 과외를 해 줬다. 레코드플레이어는 블루투스 스피커보다 주의할 부분이 많다. 지금은 남편에게 다방 DJ 같다는 이야기를 듣지만, 한동안은 스피커를 켜고 레코드판을 올리는 과정에서 틀리지 않으려 괜히 기기앞에 서면 정자세가 되곤 했다.

신혼여행을 포함해 우리가 함께한 세 번의 해외여행에서 남편은 매번 그 지역의 레코드점에 들러 판을 구입했다. 남편이 찬양하는 디지털과 다른 '사운드와 감성' 부분은 여전히 이해가 어렵지만 무엇보다 레코드판을 통해 그것을 구입했던 여행지와 그때의 우리를 떠올릴 수 있어서 점점 레코드판이 좋아진다. 그림 액자처럼 스피커 옆에 차곡차곡 겹쳐 둔 커버는 우리의 여행 사진 같기도 하다.

가구 중 가장 오래 고민한 것이 좌식 테이블이었다. 처음엔 좌식 테이블 대신 거실에 입식 식탁을 놓을까도 생각했지만 소파를 선택하지 않은 같은 이유로 큰 식탁 때문에 거실이 답답해 보이는 게 싫었다. 그렇게 심사숙고해 두기로 한 좌식 테이블이니 조금 비싸더라도 이왕이면 괜찮은 걸 사자고 했다. 그러다 우연히 알게 된 원목 가구 브랜드가 하나 있었다. 부부가 함께 운영하는 그곳은 전화로 상담을 드렸을 때부터 너무 다정다감했다. 그래도 실제로 보고 구매하고 싶다고 생각한 찰나 집 근처 백화점에 팝업스토어가 열렸다. 운명인가 싶어 팝업 마지막 날 그것도 백화점 문 닫기 삼십 분 전에 겨우 도착해서 부부 두 분을 뵈었고 이야기를 나눴다. 멋만 낸 느낌의 가구가 아니라 좋았는데 그렇다고 해서 어느 하나 평범하게 만들었단 생각은 들지 않았다. 작업 기간이 오래 걸리긴 했지만 두 분이 하나의 가구를 위해 진정성 있게 작업하는 모습이 마음에 들었다. 다소 비싼 가격이었음에도 더 알아보지 않고 주문을 결심했다.

언제 주문했었나 기억도 가물가물할 때쯤 테이블을 받았다. 도안을 전달 드리며 '이렇게 나오면 좋겠다' 하고 상상했던 모양과 나무 색감 그대로였다. 결혼하고부터 쭉, 바닥에서 밥을 먹은 지 어언 두 달이 넘어갈 무렵 드디어 밥그릇을 식탁에 올려놓을 수 있게 되었다.

결혼 후 몇 달이 지나도록 베란다로 반출된 잡동사니들은 정리가 안 된 상태로 오랜 시간 방치되어 있었다. 우리 집은 처음 집을 보러왔을 때부터 베란다에 있는 창고 공간에 문이 달려 있지 않았는데, 남편은 문을 새로 다는 대신 선반으로만 구분해 수납하면 좋겠다고 했다. 집들이 차 집에 방문하신 양가 부모님들은 집 안의 정돈된 모습과 달리 난장판인 베란다를 보고 여기만 정리하면 되겠다며 은근한 압박을 주셨지만 바쁘고 귀찮단 핑계로 차일피일 미뤘다. 언젠간 하겠지 싶어 남편에게 언제 하면 좋겠냐 묻지도 않고 있었는데 잔소리를 안 해도 스스로 움직이는 스타일인 남편은 하필 한참 더웠던 칠월의 어느 날, 직접 선반을 만들어 보겠다고 했다.

두 개의 선반을 만들어 맨 아래엔 높이가 있거나 자주 쓰는 물건을 정리하고 두 번째, 세 번째 선반에는 공구 박스나 캐리어처럼 자주 사용하지 않는 부피 큰 물건들을 두기로 했다. 미리 주문해 둔 목재로 지지대를 만들고 선반을 올리는 작업 방식이었다.

가만히 앉아만 있어도 에어컨 없인 금방 땀이 송골송골 맺히던 더운 여름날, 톱밥 때문에 베란다 창도 열고 에어컨 때문에 거실 창도 열어 놓으니 시원하지도 않거니와 톱밥은 거실로 다 날라 들어와 걸을 때마다 톱밥이 발에 서걱서걱 밟혔다. 남편이 선반 작업을 마무리하는 동안 나는 닦아도 닦아도 노란 톱밥이 묻어나는 거실을 몇 번이나 쓸고 닦았다.

공사 기간엔 공사에만 집중하자고 했지만 그게 마음처럼 쉽진 않았다. 미리 대응할 수 없는 일들도 많았고 거의 다 했다고 생각했는데도 자꾸만 챙기고, 정해야 할 것들이 불쑥불쑥 등장했다. 게다가 신혼집 공사 말고도 결혼식 준비로 그나마의 평일과 주말 여유 시간 조차 사라지고, 본가와 신혼집이 멀다 보니 퇴근 후 공사 확인차 신혼집에 들렀다가 본가로 가는 것도 체력적으로 벅찼던

터라 사실 소소한 인테리어 요소까지 챙길 겨를이 없었다.

남편도 이제 막 이직한 회사에서의 업무로 바쁜 시기였다. 때문에 인테리어 요소 중 의논의 단계를 뛰어넘은 것들이 몇 있었는데 그중 하나가 스위치였다. 스위치라는 것이 매일같이 보다 보면 눈에 들어오지 않는 요소이기도 하고 설치한 스위치가 기본 디자인이라 딱히 밉지도 않아 결혼 후에도 오랫동안 바꿔야겠단 생각을 하지 않고 지냈다. 사실 얼마나 많은 스위치 디자인이 있는지 찾아볼 정신이 없었으니 모르기도 했다.

결국 한참 시간이 지나고 마음의 여유가 생기고 나서야 스위치를 바꿔봐야겠단 생각이 들었다. 사실 우연히 검색하다 알게 된 '르그랑 엑셀' 스위치를 보자마자 바꾸고 싶다는 생각이 들었다고 하는 게 정확하겠다. 하나하나 공들여 눌러야 할 것 같은 조약돌처럼 작은 스위치의 모양이 아담한 우리 집과 잘 어울려 보였다. 차단기를 모두 내리고 핸드폰 조명에 의지하여 셀프 설치를 감행했다. 화장실과 다용도실, 부엌 조명이 모여 있는 화장실 앞 5구 스위치는 2구, 3구를 붙여서 설치해야 해서 까다로웠다. 어둠 속에서 수평 맞추기도 어려운 데다 전기선 연결도 쉽지 않아 중간에 전기 사장님을 호출할 위기인가 싶기도 했지만 다행히 설치 성공. 신혼집에 들어온 지 일 년 만에 마음에 드는 스위치를 달게 되었다.

어느덧 집을 공사한 지도 이 년이 다 되어간다. 항상 새집 같으면 좋겠지만 슬슬 보수가 필요한 부분이 보인다. 지난겨울엔 바닥 타일의 줄눈이 슬슬 갈라져서 보강 작업을 했다. 갈라진 부분만 메꾸는 줄 알았는데 기존의 줄눈을 깊게 파내고 새로운 줄눈을 채워 넣어야 했다. 화장실 벽 타일 줄눈도 조금씩 갈라지는 부분이 신경 쓰여 조만간 해결해야 할 듯싶다.

새집 티를 벗고는 있지만 어설펐던 부분을 하나둘 제대로 갖추고 있는 부분도 있다. 은근히 소음이 신경 쓰이는 화장실 환풍기를 처음 공사할 때 설치했던 삼천 원짜리에서 고성능의 사만 원짜리로 교체했다. 환풍기와 덜덜거리는 소리는 필연적인 조합이라 생각했는데 소음이 거의 없고 제습 기능도 더 탁월한 환풍기도 있다는 걸 최근에야 알았다.

적어놓고 보니 그리 비싸지 않은 작고 오래된 이 집에 많이도 공을 들였구나 싶다. 갑자기 이직해서 직장이 멀어진다면 언제 이사가야 할지 모르는 일이지만 십 년은 눌러앉을 것처럼 해보고 싶은 건 다 해보고 있다. 흔히 말하는 '가성비' 안 나오는 일인지도 모르겠다. 하지만 우리는 계속해서 집에 공을 들일 것이다. 낡은 부분은 보강도 하고 다른 시도를 해보고 싶다 하는 부분은 바꿔도 가면서 말이다.

얼마 전 결혼한 지인이 나에게 했던 말이 떠오른다. "집수리를 안 했더니 자꾸 비싼 가구만 들여놓게 돼. 그게 문제가 아니란 걸 아는데 말이야."

언젠간 이분도 어딘지 모르게 부족해 보이는 집을 완성하기 위해 집 수리에 도전하시지 않을까. 우리도 부모님 말씀대로 적당히 도배 장판만 했다면 조금 더 비싼 집은 샀을지 몰라도 우리만의 집을 만들긴 어려웠을 것이다. 공사비만큼 더 비싼 집을 샀으면 어땠을까 하는 상상을 안 해본 것은 아니다. 하지만 이 의미 없는 상상은 "그래도 집에 보탤 몇천만 원을 공사비에 쓰니 예쁜 집이 주는 행복감도 크고 이렇게 책도 쓸 수 있는 거지."로 마무리된다. 남편과 함께 고민해서 집 공사를 결정했고 두 달 간의 공사 기간을 거쳐 17평 신혼집을 리모델링했다. 그리고 신혼집 공사일지는 여전히 계속 진행 중이다.

남편

집에 애정을 갖고 가꾸고 고쳐나가다 보면 집과 차곡차곡 유대관계가 생긴다. 집은 단순히 거주하는 용도가 아닌 삶의 큰 비중을 차지하고 나를 감싸주는 공간인 만큼, 집을 찬찬히 들여다보고 집 안 어딘가에 나의 손길이 닿는다면 더 큰 애정이 생긴다.

집의 마무리를 위해 자취 아닌 자취를 시작하면서 가장 먼저 시작한 작업은 침대 제작이었다. 설계 초기에 가장 큰 고민은 방이라고는 작은방 하나뿐인 집 구조에서 침대의 배치였다. 거실을 침실로 사용하고 작은방을 드레스룸으로 활용하자니 거실로 활용할 수 있는 공간이 부엌밖에 없고, 그렇다고 작은방을 침실로 사용하려니 그 사이즈에 맞는 침대를 구하기가 어려웠다. 그래서 가구 살 돈을 아껴서 인테리어에 투자도 할 겸, 좀 더 우리 집에 어울리는 침대를 직접 만들기로 했다. 제작에 들어가기 전, 아내의 경험과 내 생각을 정리하여 침대의 디자인 방향을 세 가지 정도로 압축했다. 하나, 바닥에서 이불 깔고 잠을 자왔던 아내를 위해 평상 모양으로 제작할 것. 둘, 이불장이 따로 없기 때문에 침대 하부에 수납공간을 만들 것. 셋, 책장도 없으니 측면을 책장으로 활용할 것.

평상 같은 침대를 만들기 위해 침대 헤드 같은 장식 없이 심플하게 넓은 평상의 모습이 되어야 했다. 책장이 될 한 면을 제외하고 나머지 세 면은 벽과 틈새가 없이 딱 붙은 형태의 직육면체를 계획하고 책장에 들어갈 책과 침대 밑에 들어갈 이불의 부피를 예상해서 침대의 높이를 결정했다. 뚜껑을 평상 상판에 크게 설치해서 이불같이 부피가 큰 물건이 드나들기 쉽도록 계획했다. 대략적인 스케치가 끝나고 자세한 실측을 통해 필요한 자재들의 사이즈를 결정했다.

자재를 받아서 가공할 때도 보통의 목수라면 합판을 테이블 쏘 table saw와 같은 공구로 재단하겠지만, 나는 목수가 직업이 아닌 일반인이기 때문에, 자재를 반듯하게 자를 공구도, 마땅한 장소도 없었다. 하지만 인터넷이 모든 것을 해결한다. 몇몇 온라인의 목재상에서는 자재를 재단하여 받을 수 있어 mm 단위의 정확한 치수만 알고 있으면 충분했다.

주문한 자재들이 도착하고 주문한 치수대로 재단되어 왔는지 확인까지 끝났다면 설계에 문제가 없는 이상 나머지 작업은 일사천리로 진행된다. 구조용 각재를 나사로 고정시켜 큰 프레임을 만든다. 그 다음 책장을 짜서 구조체와 함께 정위치에 위치시킨다. 그리고 상판을 설치하여 상판 뚜껑의 손잡이가 될 구멍 하나만 뚫어주면 침대의 형태가 완성된다. 마무리로 사포질과 오일 도색까지하면 끝이 난다. 아무리 매트리스를 놓고 사용하더라도 침대 프레임에 피부가 아예 안 닿을 수는 없기에 사포질로 반들반들하게 표면을 정리하고 오일로 마감칠을 올려줘야 가구다운 모습으로 마무리된다.

우리가 같이 산 지 이 년이 넘었지만 사실 아직도 우리의 집 꾸미기는 진행 중이라고 생각한다. 어느 날 갑자기 예쁜 스위치를 보고 마음이 흔들려 스위치를 몽땅 갈아치운 적도 있고, 카페에서 본 벽 조명이 마음에 들어서 여기저기 수소문해 구하여 교체하기도 했다. 지난주에는 화장실 환풍기도 조금 좋은 모델을 구해와서 재설치도 했다. 이렇게 좀 더 좋은 디자인과 기능의 제품을 찾아서 기존의 것을 교체하는 약간의 공사가 필요한 집 꾸미기도 있지만 집기들을 잘 고르고 잘 관리하는 것도 집 꾸미기의 연장선에 있다.

내가 우리 집에 가장 먼저 가지고 들어왔던 물건인 레코드플레이어와 스피커는 모두 아버지한테 받은 물건이다. 나에게는 사연과 애정이 많은 물건인 만큼 우리 집과 잘 어울렸으면 하는 바람이 있었다. 주말 아침에 커피 한잔하면서 노래를 듣고 여행 가서 사온 레코드판으로 여행을 추억하기 위해서는 이 친구들이 고장 나지 않고 깨끗한 음색을 유지하도록 꾸준한 관리가 필요하다. 늘어진 턴테이블 벨트를 새것으로 교체하기 위해서 인터넷을 뒤지고, 삭아버린 스피커 테두리도 새것으로 갈아주고, 깨끗한 집에 어울리도록 누렇게 변색된 오래된 오디오 케이블들도 새것으로 갈아주었다.

집 꾸미기 이야기를 하면서 식물을 빼놓을 수 없는데, 우리 집에는 두 인간과는 별개로 하나의 식물이 살고 있다. 평소에 플랜테리어에 관심이 많기도 했고 언젠가는 꼭 도전하고 싶은 종목이기도 했지만, 우리 집 인테리어를 계획할 때 거실 한구석이 허전해서 사람만 한 큰 식물 친구 하나를 데려오고 싶었다. 아내와 연애할 때 기념일이 아니더라도 문득 생각날 때마다 아내 회사의 근처 꽃집 사장님께 꽃 배달을 주문해서 보내기도 했는데, (아내가 뭔가 우울한 목소리면 힘내라고 힘찬 노란색의 꽃다발을 주문 하는 식으로) 생각해 보면 내가 더 꽃을 좋아하는데 나는 받아본 적이 없다. 결혼하고 나서도 꽃이 좋다고 몇 번 말했는데 사실 이제는 집에 꽃을 둘 데가 없어서 못 받는다. 슬프다.

아무튼, 집에 큰 식물이 있었으면 좋겠다고 생각하면서 인테리어 설계 당시에 계획을 잡고 아내와 이야기를 했더니 아내도 흔쾌히 좋다고 맞장구쳤는데 이야기하다 보니 아내와 내가 생각하는 '크다'의 기준이 조금 달랐다. 허리 높이까지 오는 정도가 아내가 말하는 크다의 기준이었고, 사람 키만한 정도가 나의 기준이었다. 결과는 물론 아내의 승리로 지금 내 눈앞에는 (내가 보기엔) 작고 아담한 몬스테라가 있다. 콘크리트 재질의 둥근 화분에 몬스테라가 있는 모습이 찰떡같이 우리 집에 잘 어울리는 걸 보면 아내 말을 듣길 잘했다. 피곤해서 그런지 자꾸 옆으로 눕는 몬스테라를 돌로 받쳐서 곧게 서서 자라도록 관리해 주는 과정도 단순히 식물을 가꾸는 게 아니라 우리 집을 좀 더 풍성하게 하는 일 중 하나이다.

집을 관리하는 데 가장 귀찮고 힘이 드는 건 파손이나 오염을 복구하는 AS 개념의 일들이다. 인테리어 업체는 무상 AS기간이 있어서 소비자 과실만 아니면 (과실이라고 하더라도 쉽게 해줄 수 있는 거라면) 손 봐줄 수 있다. 하지만 우리 집은 우리가 직접 인테리어를 진행한 이상 AS도 직접 해야 했다. 타일이 들뜨고 줄눈이 갈라졌을 때는 줄눈 일부를 긁어내 틈을 만들고 그 사이로 순간접착제를 잔뜩 밀어 넣어서 타일이 들뜨지 않도록 잘 눌러주었다. 줄눈을 다시 넣기도 사실 그렇게 어렵진 않다. 갈라진 줄눈을 깨끗하게 긁어내고 물과 홈멘트를 비율에 잘 맞게 섞어서 꼼꼼히 밀어 넣고 주변 정리만 잘하면 끝인 일이다. 벽의 페인트가 오염된 부분은 지우개나 걸레로 닦아보고, 안 되면 부드러운 사포로 조금 문질러 갈아준 후 롤러로 밀어주기만 하면 크게 어려울 일은 아니다. 물론 도색했던 페인트와 같은 페인트여야 하고 페인트가 주변에 튀지 않도록 잘 신경 써야 한다. 처음에 샀던 페인트의 회사와 컬러 코드를 미리 적어놓으면 좋다.

사실 인테리어 공사같이 큰일이 아닌 소소하게 집을 가꾸고 관리하는 일들은 지은 지 얼마 안 된 아파트에 살고 있다면 관리사무소에만 전화 한 통 넣어도 해결 가능한 일들이 꽤 있다. 하지만 나만의 집과 공간을 갖는다는 일은, 쉽고 어려움이 문제가 아니라 각오와 준비가 필요한 일이다. 공사 시작부터 집 꾸미기까지 전체 흐름만 안다면 직접 집을 꾸미는 건 크게 어려운 일은 아니다. 약간의 귀찮음과 번거로움은 있겠지만, 진정한 '내 집' 스윗 홈이 생긴다는 건 인생에서 꼭 한 번쯤은 경험해 봐야 할 일이 아닐까 생각한다.

집요정과 함께 만드는

베란다 자투리 공간을 활용한 선반

선반을 설치할 때 가장 중요한 건 수평이다. 레이저 수평계가 있다면 정말 쉽지만 안타깝게도 나의 공구함에는 짧다란 수평자 하나만 덩그러니 있다. 적당한 높이에 수평계와 목재를 활용해 수평선을 긋고, 이제는 선반을 올려놓을 구조체를 만들어야 한다. 보통 깊고 넓은 선반의 경우 선반의 중심 부분까지 구조체가 힘을 받도록 하지만, 나의 경우는 선반이 될 판재 자체를 두꺼운 자작 합판으로 사용해서 판재 자체가 충분히 하중을 버틸 수 있도록 했다(대략 판을 두껍고 비싼 걸로 썼다는 얘기다). 그래도 선반이 걸릴 틀은 벽에 설치해야 해서 적당한 두께의 각재(45x90mm 각재)에 나사 구멍 크기로 구멍을 뚫고 그대로 벽에 갖다 대고 드라이버를 구멍에 넣어 벽에 구멍의 위치를 표시했다. 그리고 전기드릴과 콘크리트 타공용 드릴비트를 사용하여 벽에 구멍을 뚫고 칼브럭을 꽂아 넣었다. 아까 뚫어 놓은 각재의 구멍과 칼브럭 위치를 맞추고 나사를 박아 넣은 후 틀이 완전히 고정되었는지 체중을 실어 점검한다. 마지막으로 선반 판재를 올려놓으면 선반이 완성된다. 다른 것보다 전기드릴로 벽에 구멍을 뚫을 때 소리가 많이 나고 시끄러우니 가능하면 평일 낮에 하기를 추천한다. 주말에 하다가는 이웃의 뭇매를 맞을 가능성이 크다.

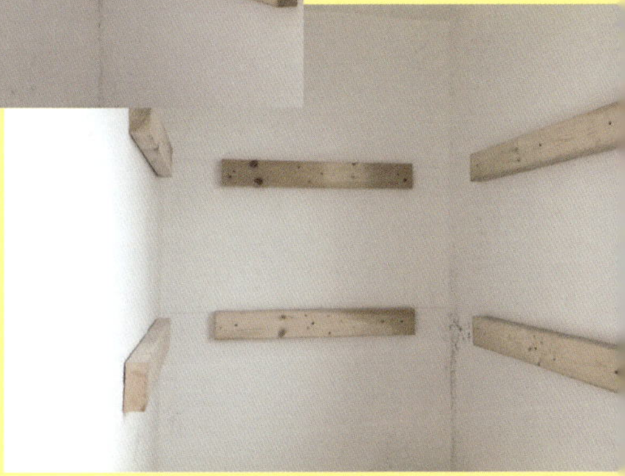

⌃
아내

결혼한 지 이제 곧 이 년, 이 집에서 산지도 곧 이 년째다. 남편이 앞에서 언급했듯 성격도 식습관도 정반대인 우리는 여전히 맞춰가고 있다.

예쁜 공간을 보면 사진을 찍어 남편에게 보내곤 한다. "여기 예쁘지? 어떤 것 같아?"라고 물으면 대부분 '평범하네' '요즘 스타일인데 내 취향은 아니다' 등의 냉정한 평가가 돌아온다. 그냥 적당히 예쁘다 하고 공감해줬으면 할 때도 있는데 왜 별로라고 생각하는지 그 이유도 항상 장황하다.

우리가 지금 살고 있는 공간, 그리고 앞으로 살고 싶은 공간에 대해서는 꽤 자주 이야기를 나눈다. 작게는 집은 얼마 만에 한 번씩 청소해야 하는지, 크게는 결혼 전에도 고민했던 주제인 주택 살이에 대한 부분도 나온다. 삶의 질도 중요하지만 부동산 투자가치 또한 중요하게 따져봐야 한다는 나와는 다르게 공기 좋은 시골에 집 짓고 살고 싶다는 이야기를 잊을만 하면 꺼내는 남편은 아직까진 부동산 가치보다는 삶의 질을 중시한다.

각자의 의견에 열을 올리며 얘기하다 보면 이야기가 논쟁으로 변할 때도 있지만 이렇게 '다르고 잘 안 맞는' 남편과 집 그리고 공간에 관해 이야기하는 시간은 늘 즐겁다. 둘 중 한 사람만 이런 관심사를 갖고 있었다면 우리의 큰 얘깃거리 중 하나가 없어졌을 테고 그러면 그 한 사람이 너무 외롭지 않았을까.

생각해 보니 우리가 한마음으로 잘 맞았던 때가 있긴 있었다. 지금의 신혼집을 구하고 결혼 자금의 많은 부분을 집 공사에 쓰자고 결정했던 것. 이때처럼 앞으로도 우리가 생각하는 대로 집을 만들어가는 과정은 '잘 맞을' 거라 예상해 본다.

남편

평생 살 거 아니어도 예쁜 집에 살래요

우리는 모두 좋은 집에 살고 싶어 한다. 위치가 좋은 집, 아름다운 정원이 있는 집, 편의점이 가까운 집, 방이 세 개 있는 집…. 그러기 위해서 열심히 일하고, 돈을 벌고, 집을 꾸민다. 우리는 좋은 집을 갖기 위해 무던히도 애를 쓰고 그 방법을 지키려 갖은 노력을 한다.

하지만 '어떻게?'에만 매달리는 건 곤란하다. 이 세상에 존재하는 재테크, 디자인, 시공 방법을 모두 아는 사람에게도, 좋은 집을 위해서는 다른 질문이 필요하기 때문이다.

왜 우리는 좋은 집에 살려고 할까. 그리고 좋은 집이란 무엇일까. 그 목적만 명확하다면 우리 부부의 글을 읽지 않더라도 방법을 충분히 찾을 수 있다. 자녀들을 위한 집이라면 아토피에 좋은 자재들을 쓰면 되고, 어르신들을 위한 집이라면 계단 높이를 낮추면 된다. 우리가 신혼집을 공사하면서 갈등 없이 쭉 나아갈 수 있던 건 그 목적이 명료했기 때문이 아니었을까. 같이 고민하고 같이 동의했던 가치들이 실현된 보금자리는 지금 우리와 함께 성장하고 있다.

결과론적인 이야기지만 아내와 결혼하고 집을 직접 인테리어하고 그것을 인터넷에 글로 올려보자는, 우리의 취향을 지키고자 한 결정들이 이렇게 책으로 나왔다. 돌이켜 보면 공사를 진행했던 일보다 글을 쓰는 게 더 힘들었다. 매번 내가 이렇게 글을 쓸 자격이 되나 하는 스스로에 대한 의문과도 싸워왔고, 객관적으로 맞는 말인지 내가 잘못된 공사법을 써내려가 남들에게 피해를 주는 건 아닌가 하는 불안함이 몰려오기도 했다. 바쁘다는 핑계로 하루 이틀 글을 미루다 보면 어김없이 날아드는 아내의 재촉에 서운해한 적도 꽤 있었다. 출판사에서 준 시간은 글을 쓰기에는 충분하다 못해 남아돌 시간이었지만, 스스로 자신을 가지기에는 부족한 시간이었다. 대신 우리 부부가 인테리어를 진행하면서 겪은 담담한 사실들 앞에서 당당하기로 결심했다.

아내의 글과는 다르게 내 글은 어쩔 수 없이 상당수의 전문 분야의 지식을 담고 있다. 하지만 이러한 지식이 이론이 아닌 경험적 지식으로 독자들에게 다가가기를 바란다.

언젠가 미래에는 아파트 인테리어가 아닌 좀 더 길고 다채로운 이야기로 독자와 다시 만날 날을 기다린다. 그 책에는 건축의 디자인과 이론부터 법규와 인허가 업무 그리고 토목공사부터 인테리어까지 정말 나 혼자만 재미있는 이야기로 꽉꽉 채워 넣을 거라고 다짐한다. 하하!

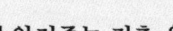

집요정이 알려주는 건축 용어

PET 플라스틱 계열의 마감재, 젖병이나 음료수병에 사용하는 플라스틱으로 제작되며 색감 표현이 선명하다.

PVC 창호 폴리염화비닐, 즉 플라스틱으로 제작된 창문 프레임을 말한다.

가벽 금속, 목재와 같은 건식 재료로 틀을 잡은 벽체 대부분을 아우르는 명칭이다.

걸레받이 대부분 가정집의 바닥 모서리를 따라 쭉 둘러진 폭 3~10cm의 띠를 말하며, 물걸레질을 할 때 벽이 오염되는 걸 방지한다.

기둥식 구조 건물의 하중을 기둥에 집중시킨 구조다.

까대기	배관 및 배선 등의 목적을 위해 골조 표면에 일정 깊이로 홈을 파내는 철고 공정의 일부다. 필요에 따라 전기 작업자가 진행할 때도 있다.
내단열	단열재가 실내에 설치되는 단열 방법이다.
덧방	기존 마감재를 철거하지 않고 그 위에 마감재를 한 번 더 시공하는 방법이다.
드라이 픽스	가루 형태의 타일 접착제. 세라픽스보다 높은 접착력을 필요로 하거나, 덧방이 아닌 바닥 마감을 할 때 사용한다.
떡가벽(떡가베)	기본 골조 위에 공기층(빈 공간) 없이 접착제를 활용하여 합판이나 석고보드 등의 판재를 벽에 부착하는 시공 방법이다.
레미탈	시멘트에 모래가 섞여져서 나온 제품. 특정 회사의 브랜드명이었지만 이제는 일반명사처럼 사용된다.
막타일	극히 저렴한 타일을 아우르는 명칭. 보통 화장실의 벽면이 고르지 못할 때 바탕 면을 잡기 위해 사용한다.

| 메지(줄눈) | 마감재 사이의 틈을 메우는 메꿈제의 통칭. 일반적으로 메지는 가루 형태, 줄눈을 실리콘 형태로 사용하지만 사전적으로는 같은 의미다. |

메지(줄눈) 마감재 사이의 틈을 메우는 메꿈제의 통칭. 일반적으로 메지는 가루 형태, 줄눈을 실리콘 형태로 사용하지만 사전적으로는 같은 의미다.

몰딩 코너를 보강하고 마감하기 위해 사용되는 자재다. 걸레받이도 몰딩의 종류 중 하나다.

몰탈 '시멘트+첨가제+물'이나 '몰탈+물'로 이루어진 시멘트 혼합물이다. 자갈과 같은 재료가 추가로 들어가면 콘크리트가 된다.

미장 몰탈을 이용하는 공정의 총칭을 말한다.

방수 특정 구역의 외부로부터 침투하는 물과 습기를 막기 위한 화학적, 물리적 공정의 총칭이다.

벽식 구조 건물의 하중을 벽에 분산시킨 구조를 말한다.

보양 공사 중 다른 공간이나 부위의 오염 및 파손을 막기 위해 비닐이나 판재 등을 임시로 설치하는 작업이다.

샌딩   표면의 요철이나 거친 면을 연마하여 매끄럽게 하는
       작업이다.

세라픽스   타일 접착제의 종류 중 하나. 드라이 픽스보다 약하
       지만 300각 정도의 타일에는 무난하며 시공의 편의
       성이 좋다.

시멘트   가장 오래된 건축 재료 중 하나로, 건축에서는 일반
       적으로 석회질의 회색 가루만을 뜻한다.

시스템 창호 일반적인 창호보다 기밀성을 높여 단열, 방수, 방음
       등의 성능을 높인 창호의 종류다.

알루미늄 창호 알루미늄으로 제작된 창호로 금속 재질이라 PVC 창
       호에 비해 단열 성능이 떨어진다.

양중(곰방) 자재를 옮기는 작업이다. 크레인, 스카이 같은 장비
       를 이용한 양중과 엘리베이터, 계단을 활용한 인력
       양중이 있다.

열관류율   특정 자재가 열을 통과시키는 정도를 수치화한 자료
       다. 수치가 높을수록 단열 성능이 약하다.

열전사　　자재에 색을 입히는 방법의 하나다. 페인트 자재에 직접 뿌리는 게 아닌 프린트된 종이에 열을 가해 이염시키는 방법이다.

올빠데　　도장 작업의 바탕 면을 고르게 하기 위해 벽 전체에 핸디코트나 테라코트 등의 자재를 바르고 샌딩하는 작업을 말한다.

젠다이　　벽의 일부가 튀어나와 수평이 선반을 형성하는 부분이다. 보통 화장실의 변기와 세면대 뒷부분에 시공된다.

조적　　벽돌을 쌓는 공정이다.

줄빠데　　올빠데 작업을 하기 전에 석고보드나 합판의 경계선 단차를 없애기 위해 경계선을 따라 일부만 코트를 바르고 샌딩하는 작업이다.

코어벽체　　주로 아파트나 빌딩 같은 건물의 엘리베이터, 공용화장실, 설비관 통로 등의 공간을 하나로 뭉쳐 건물 전체의 수직 구조를 형성하는 벽체다.

콘크리트   '시멘트+첨가제+물+자갈'이 혼합된 형태다. 주로 공장에서 혼합되어 레미콘에 실려 운반된다. 건설공사 중 골조공사 등에서 사용되며 인테리어에서는 거의 사용되지 않는다.

편심   양변기의 위치를 옮겨야 하지만 오수 배관은 옮기기 힘들 때, 기존 배관에 연장 설치하여 사용하는 자재다. 변기 막힘의 원인이 되기도 한다.

푸시댐퍼   붙박이 가구의 문을 꾹 눌렀을 때 딸깍하며 문을 밀어 열리게 하는 장치다.

플렌테리어   플렌트plant와 인테리어interior의 합성어로 식물을 활용한 인테리어를 말한다.

하이그로시   자재에 코팅을 입혀 광택 처리를 하는 작업이다.

초판 1쇄 인쇄 2019년 10월 18일
초판 2쇄 발행 2020년 12월 24일

지은이   안정호, 김성진
펴낸이   이준경
편집장   이찬희
총괄부장   강혜정
편집   김아영, 이가람
디자인팀장   정미정
디자인   정명희, 김정현
마케팅   정재은
펴낸곳   지콜론북

평생 살 거 아니어도
예쁜 집에 살래요

차근차근 알려주는
아파트 인테리어
공사 계획

출판 등록   2011년 1월 6일 제406-2011-000003호
주소   경기도 파주시 문발로 242 (주)영진미디어 3층
전화   031-955-4955
팩스   031-955-4959

홈페이지   www.gcolon.co.kr
트위터   @g_colon
페이스북   /gcolonbook
인스타그램   @g_colonbook
ISBN   978-89-98656-90-4 13590
값   15,500원

이 도서의 국립중앙도서관 출판시도서목록 (CIP)은
서지정보유통지원시스템 홈페이지 (http://seoji.nl.go.kr)와
국가자료공동목록시스템 (http://www.nl.go.kr/kolisnet)에서 이용하실 수 있습니다.
(CIP제어번호 : CIP2019040759)

잘못된 책은 구입한 곳에서 교환해 드립니다.

지콜론북은 예술과 문화, 일상의 소통을 꿈꾸는 (주)영진미디어의 문화예술서 브랜드입니다.